# Tegn på liv

Tegner Bruno
# Tegn på liv

www.fantasmus.com

**Professor Adelart Antoni kurtiserer frk. Melusine Olsson i sin flamboyante kombinationsballon**
Acryl · Flydende acryl · Farveblyant · Akvarel / 2012

## Med stjernekikkerten for det undrende øje

I gamle dage fandtes et verdensbillede, hvor jorden var flad og himlen en kuppel, hvorigennem Guds lys strømmede via små huller der sås som stjerner om natten. Men tænk hvis det var omvendt; at det er jorden, der er strålende? At det er her, der er fuld knald på, og at man ovenfra kan sidde og kigge gennem små smilehuller og betragte denne verden hvor vi har så mange sære ting for.

Nu om dage taler fysikken om kvantemekanik og sorte huller. Måske fordi der som regel er mest trængsel omkring de sorte huller, men nok især fordi det er lyset, der fremhæver kontrasterne, har jeg mest søgt smilehullerne. Kan lide at sidde der og undres og gengive det brogede og mangfoldige liv, som jeg ser det. Og så kan jeg lide at komme ud med mine ting, hvor de virkelig bruges: På bannere, plakater og i trafikken. I undervisningsmaterialer, annoncer, artikler, og meget meget mere.

I denne bog samles lidt af det alt sammen atter på ét sted. 415 tegninger, skabt gennem ca. 30 år i et væld af teknikker til at indgå i et væld af forskellige sammenhænge samt en del blot lavet for sjov og af ren og skær tegnelyst. Det har ikke været helt let at samle, hvad det har taget årevis at sprede. Men mere om det bagerst i bogen hvor der til de ekstra nysgerrige findes et appendix med noget bonusmateriale og et delvis troværdigt kommentarspor.

*Bruno*

### INDHOLD:

Stedsansende optegnelser · 6

Intense øjebliksbilleder · 24   •   Sprudlende livstegn · 40

Tænderskærende tossestreger · 64

Dansable farvetoner · 88   •   Eventyrlige himmelstrøg · 114

Naturtro igengivelser · 132

Appendix · 138   •   På bomærkerne · 158

# 1 – Stedsansende optegnelser

Spor gennem Østerådalen, Aalborg
Blyant · Pen · Acryl / 2003

1
Aalborg Banegård en sommeraften
Blyant · Kridt · Akvarel · Flydende acryl / 1999

På sporet af den tabte tid
Kuglepen · Acryl / 2006

11

13

14

**Ved havet**
Kridt · Flydende acryl · Akvarel / 1995

12

15

18
**Markedsdag i Garda**
Kuglepen / 1975

19
**Campo di Fiori, Rom**
Kridt · Acryl · Flydende acryl / 1988

21
**Otium**
Vokskridt · Farveblyant
· Akvarel · Flydende
acryl / 1998

**Oase på anden sal**
Pen · Akvarel · Vokskridt
· Flydende acryl · Ecoline / 2011

25

26

27

28

29
**Under æbletræet**
Vokskridt · Flydende acryl ·
Akvarel / 1997

**Nørretranders Kirke**
Acryl / 2002

31
**November stilleben**
Kridt · Flydende acryl · Acryl · Akvarel / 2000

32

33

34

35

36

18

37

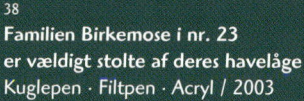
38
**Familien Birkemose i nr. 23
er vældigt stolte af deres havelåge**
Kuglepen · Filtpen · Acryl / 2003

39

40

41
**Tine**
Blyant · Marker / 1993

**Yngre mand føler pludselig trang til et glas øl**
Acryl · Kridt / 2003

**Huset ved søen**
Acryl · Kridt / 2003

49

50

51

52
**Leave this Town**
Filtpen · Marker · Farveblyant ·
Flydende acryl · Acryl ·
PhotoShop / 2011

53

54

55

56

57

58

59

60

61

62

63

64

**Fra mit køkkenvindue**
Blyant · Kuglepen · Acryl / 2006

2 – Intense øjebliksbilleder

66
**Tine**
Acryl · Flydende acryl / 2012

70
**Det' Løgn**
Pen · Tuschlavering / 1984

74

75

72

73

76

94
**Nede**
Pen · Marker / 1988

95
**Nu ventes der på dommen**
Blyant · Pen · Marker / 1988

96

97  98

**Den leksikale**
Tusch · Skæreraster / 1994

**Sang**
Pen · Marker / 1985

110

111

112
**På høloftet**
Filtpen · PhotoShop / 2009

113

114

115

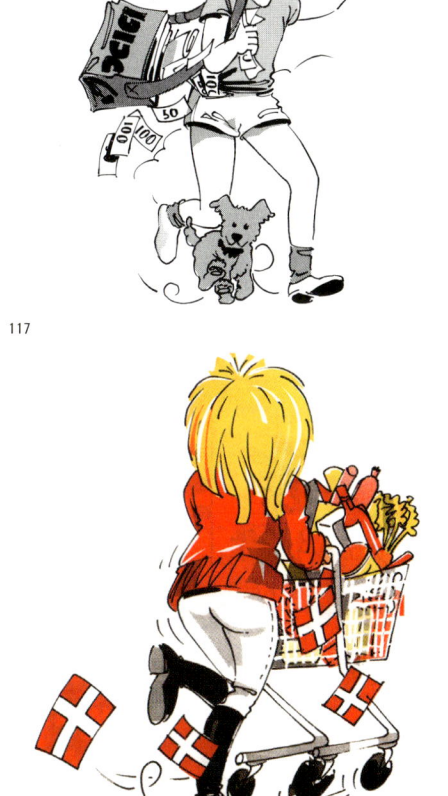

**Nåååhhh**
Blyant · Akvarel / 2006

**Sommer**
Filtpen · Marker · Akvarel · Ecoline / 2003

**Blokhus**
Kuglepen · Farveblyant · Flydende acryl
· Akvarel · Ecoline / 2012

126
127
**Hele vejen rundt om snapsen**
Kuglepen · Kridt · Farveblyant · Flydende acryl
· Ecoline · PhotoShop / 2004

128

129

130

**131**
**På billedet ser De blandt andet en gul cykel med tre gear...**
Flydende acryl · Acryl
– en slags selvportræt / 2003

132

133

134

137

135

136
**Otte er nok**
Flydende acryl · Acryl · Pen / 2004

138

3 – Sprudlende livstegn

139
**Frøknerne Engblom drikker te
i deres fortryllende have**
Flydende acryl · Acryl / 2003

**Frøknerne Engblom pjanker
i en nobel hatteforretning**
Plastmaling · Acryl · Flydende acryl
· Kuglepen · Guldbronze / 2009

143

144
**Frøknerne Engblom på vej til Hildesheim i eget automobil**
Plastmaling · Acryl
Flydende acryl / 2006

145

146
**Fri-Stedet**
Kridt · Farveblyant
· Flydende acryl · Ecoline · PhotoShop / 1997

147

148

149

150

151

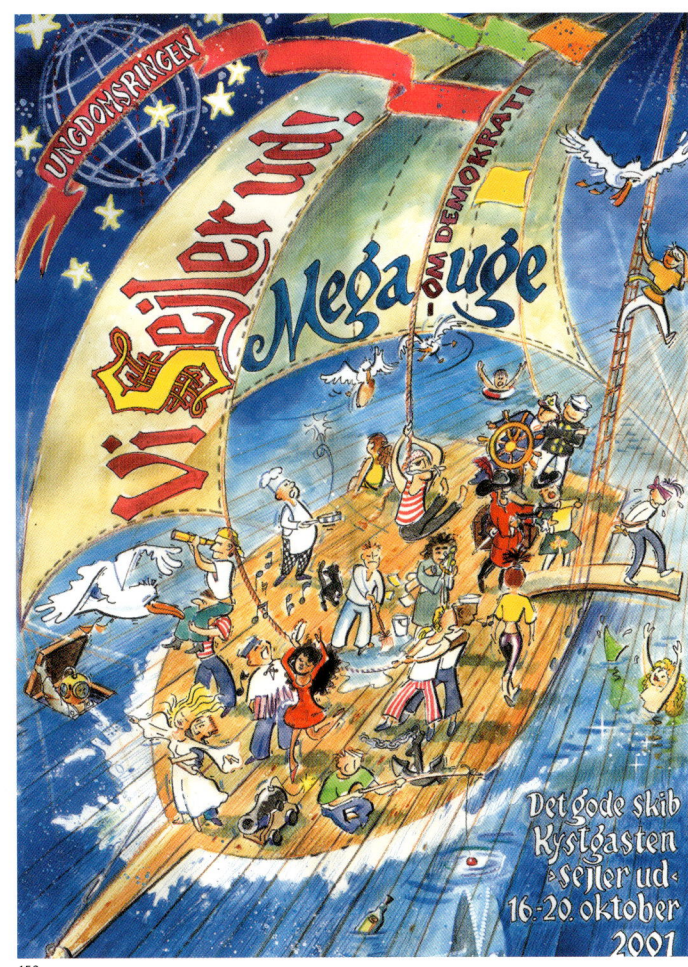

152

153

154

**Broen**
Pen · Kridt · Farveblyant · Acryl ·
Ecoline · PhotoShop / 2011

156  157

155
**Emil**
Tusch · Blyant · Akvarel · Ecoline / 2005

158  159

160
**Papirvenner**
Illustrator · PhotoShop / 2011

162
**Ryd sne!**
Illustrator · PhotoShop / 2010

167
**Supermarked**
Filtpen · PhotoShop / 2010

168

169

170
**Zoo**
Filtpen · PhotoShop / 2006

174
**Jul i Randers**
Pen · Marker / 1985

176
**Hjem-Is**
Illustrator · PhotoShop / 2001

178

179

180

181

188
**23:59**
Dimensions · Illustrator · PhotoShop / 1998

184
**Prop**
Blyant · PhotoShop · 2005

189
**Dream Café**
Plastmaling · Flydende acryl · Illustrator
· PhotoShop / 2004

190

191

192

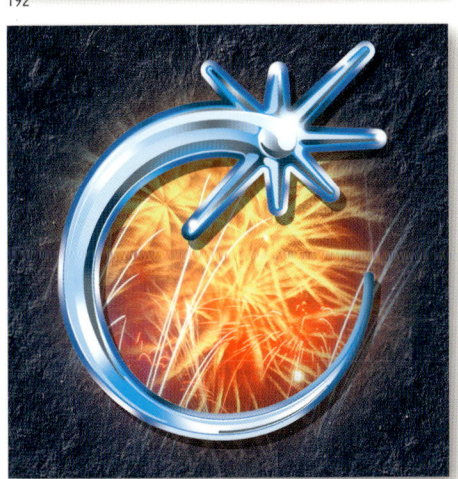
193

194

195

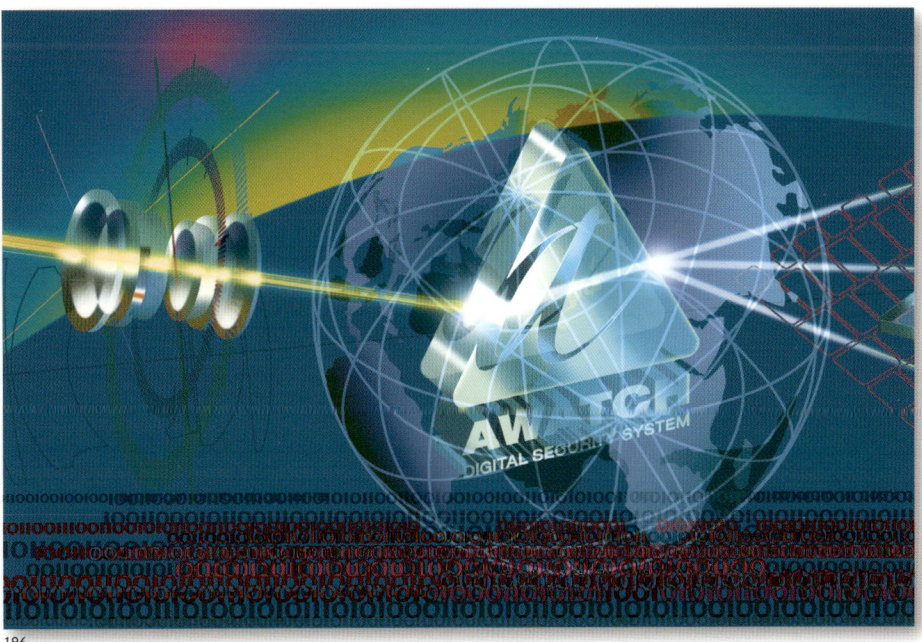
196

200
Black Label
Illustrator · PhotoShop / 2002

204
**Motocross**
Illustrator / 2006

**Kenny & Knud**
Pen · Marker / 1991 – 1992

209
**Diskretion**
Pensel · Tusch / 2000

**Double up**
Tusch · Skæreraster · 1995

Turbo Thyge
Tusch · PhotoShop / 1997

4 – Tænderskærende tossestreger

214
**Den farveblinde tyrefægter**
Kuglepen · Kridt ·
Plastmaling · Flydende acryl / 2004

215
**Kanindræberkursus**
Tusch · Akvarel · 1997

216  217

218
**Raketmanden #1**
Kuglepen · Flydende acryl
· Lak · PhotoShop / 2007

219
**Det sker aldrig...**
Plastmaling · Kuglepen · Farvekridt · Flydende acryl / 2004

226
**Yeehaaaa!**
Filtpen · PhotoShop / 2010

227
**Trafikkaos**
Blyant · Kuglepen · Kridt · Lak / 2006

228

229
**Det sker aldrig...** (Brand)
Plastmaling · Kuglepen · Flydende acryl / 2004

230

231

232

233

71

234

235

236
**En magelig herre lufter sin hund**
Blyant · Flydende acryl · 2003

237

239

238

240
**Back-up!?\***
Kuglepen · Farveblyant · Akvarel ·
Flydende acryl / 2009

245
**Prosit!**
Acryl · Sand · Flydende acryl ·
Glas- og vokskridt / 2003

**Et par pegøjer**
Kuglepen · Flydende acryl / 2011

250
**Peter Papirsamler**
Illustrator · PhotoShop / 2007

251

252
**Rødder**
Illustrator / 1996

253

254

255

256

257

258

259
**Rappenskralden**
Illustrator · PhotoShop / 2011

260

265
**Kvægtorvs-stien**
Tusch · Blyant · Akvarel / 2005

261
**Bodypaint entusiast Ingelise Olsen stoppes i tolden**
Kuglepen · Flydende acryl / 2008

262

263

264

266
**Y2K**
Tusch · Farvekridt · Farveblyant · Flydende acryl · Akvarel / 1999

267

268
**Sidste omgang**
Tusch · Akvarel / 1997

269

275

276

277

278
**The Show must go on**
Farveblyant / 2009

274
**Bååååt**
Blyant · Kridt · Akvarel · Lak / 2003

279　282

280　384

**Nørder**
Filtpen · Farveblyant · Dækhvidt / 2008

281
**Karneval**
Filtpen · Kuglepen · Airbrush farve
· Farvekridt · Akvarel / 2007

285
Åhh nej - ikke nu igen ham den tynde tegner
i det kinky kluns, der er på spil...?!
Kuglepen · Akvarel · Kridt · Blyant ·
Airbrush farve · Lak
- en slags selvportræt / 2010

286

288
Violinbanden slår skruppelløst til
i Sdr. Fjaltring Andelskasse
Kuglepen · Akvarel · Flydende acryl · Lak / 2007

290

293

291

292

289
**Musikalsk anretning**
Illustrator · PhotoShop / 2006

294
**Doing the Egyptian**
Kuglepen · Flydende acryl · Guldglimmer ·
PhotoShop / 2007

**Ung mand brillerer på el-forstærket guitar**
Plastmaling · Flydende acryl · Acryl · Kuglepen
· Glimmer · PhotoShop / 2008

Så er det nu!
Kridt · Farveblyant · Akvarel
· Flydende acryl / 1999

**Heartbeats**
Kuglepen · Farveblyant · Flydende acryl
· PhotoShop / 2010

305
**Trio med udpræget passion for det ungarske**
Flydende acryl · Acryl · Kridt / 2003

306

307
**The Balalaika Brothers goes glam**
Pen · Farveblyant ·
Acryl · Flydende acryl / 2011

311
**Soldanser**
Plastmaling · Kridt · Flydende acryl / 2003

312

313

314
**Bolero**
Acryl · Flydende acryl · Glimmer
· Guldbronze / 2007

315
**Musik på hjernen**
Kridt · Farveblyant · Akvarel ·
Flydende acryl / 2003

319

320

321

322

323
324

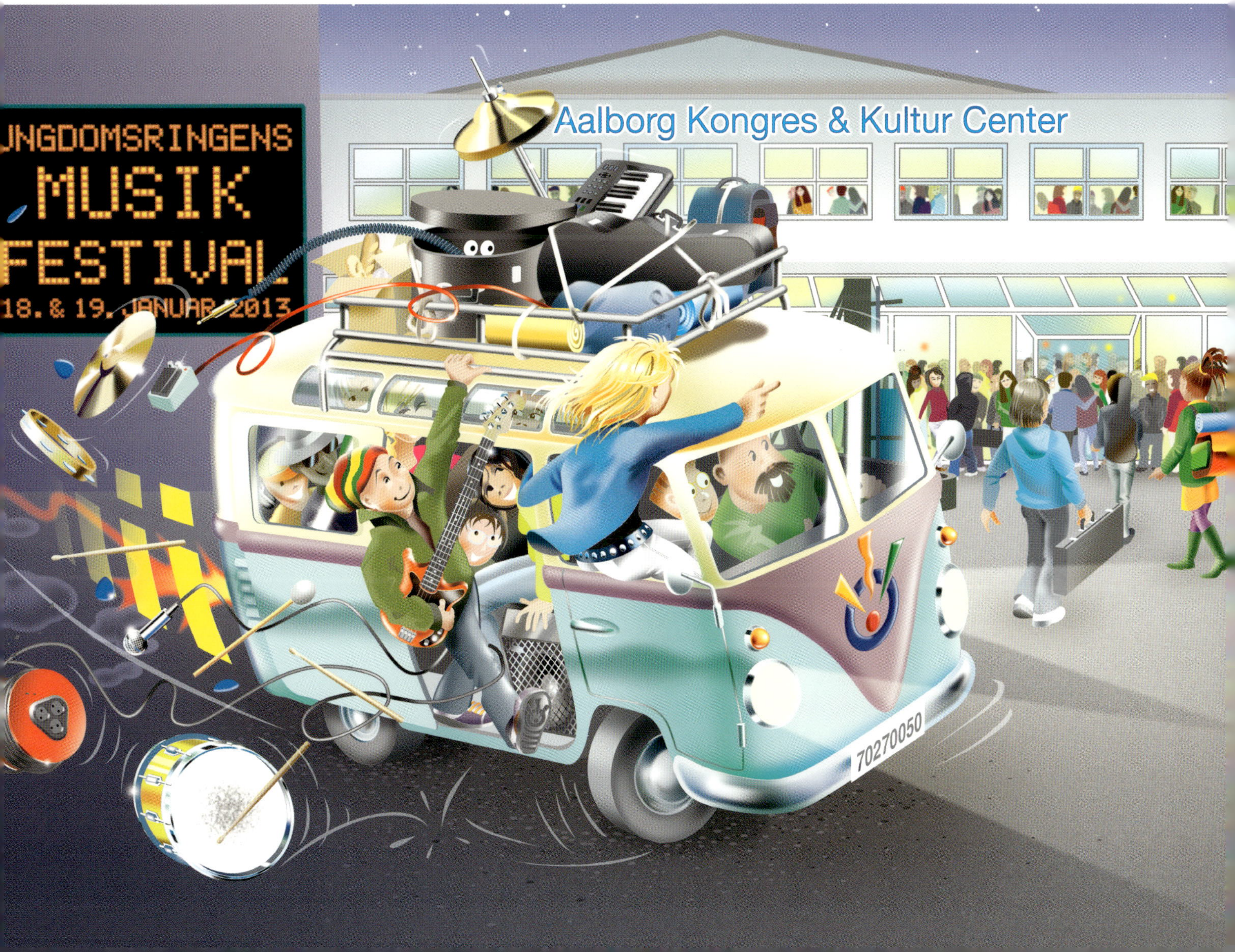

# UNGDOMSRINGENS MUSIK FESTIVAL
## 18. & 19. JANUAR 2013

Aalborg Kongres & Kultur Center

325
**On Stage Festival**
Illustrator · PhotoShop / 2011

326
**On Stage Festival**
Illustrator · PhotoShop / 2010

332
**Broadway**
Farveblyant · Acryl · PhotoShop / 2009

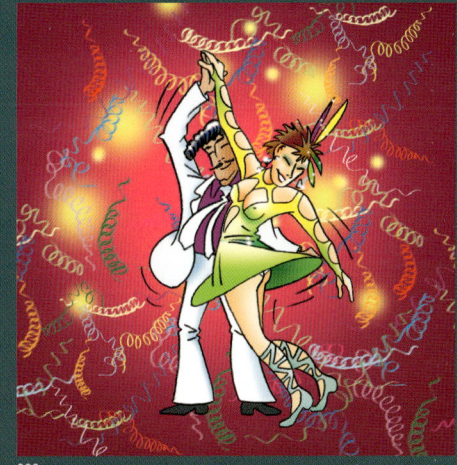

333

334

335

**Euterpe**
Acryl · Pen / 2011

**Piano Concerto Fatale #II**

**Piano Concerto Fatale #III-V**
Blyant · Pen · Akvarel · Acryl · Guldbronze / 2010

345
Professor Adelart Antoni afsøger hidtil
ukendte egne i sin gyrothermiske monocopter
Acryl · Flydende acryl / 2011

344

346
**Mio og Yum-Yum i den sorteste skov**
Plastmaling · Acryl · Flydende acryl / 2007

347

348

349

6 – Eventyrlige himmelstrøg

350
**Professor Adelart Antoni
passerer Alperne i Magsvejr**
Acryl · Flydende acryl · Kuglepen / 2009

353

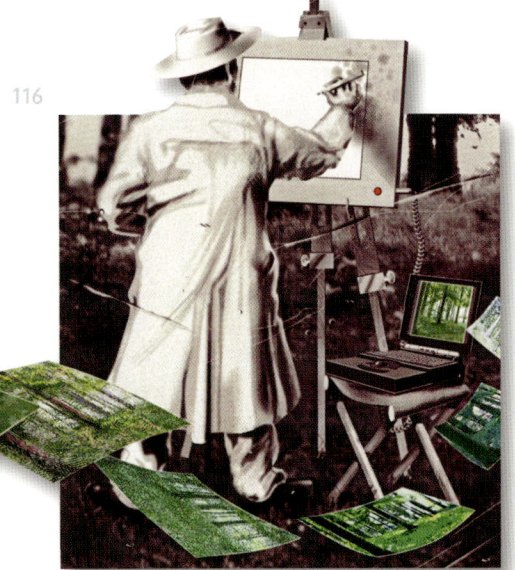
351

352

354
**Til Astrid, der skænkede os sit Løvehjerte**
Akvarel · Flydende acryl · Glaskridt / 1998

355

356
357

358

359

360
**Atlantis II**
Illustrator · PhotoShop / 2011

361

362

363
**Viden om...**
Vokskridt · Letraset · Tusch · Akvarel / 1993

364

365 366
**Professor Adelart Antoni i sit rette element**
Acryl · Flydende acryl / 2003

367

368

369
**Verdensmusik**
Plastmaling · Acryl · Airbrush farve / 2007

370
**Blomsterfe**
Farveblyant · Vokskridt · Flydende acryl · Akvarel / 1997

371
372

374
**Tre havfruer**
Kuglepen · Farveblyant · Akvarel · Flydende acryl
· Guldbronze · PhotoShop / 2012

373
**Atlantis**
Acryl · Airbrush Farve · Glimmer · Pen ·
Vokskridt · PhotoShop / 2004

375

376
**Havfrue**
Illustrator · PhotoShop / 1995

381 ▶
**Hyrdinden og Skorstensfejeren**
Flydende acryl · Ecoline
· Kuglepen · Glaskridt · Farveblyant
· PhotoShop / 2005

124

377

378

379
**Emerald**
Illustrator · PhotoShop / 2010

380

**Ekspertise**
Farveblyant · Kuglepen · Acryl · Flydende acryl
· Guldbronze · PhotoShop / 2012

386
387
388
389

127

391
**Prinsen på den hvide teaterhest**
Flydende acryl · Ecoline
· Vokskridt · Farveblyant / 2003

390
**Drømmefænger**
Kridt · Flydende acryl · Glimmer · Collage / 2002

392

393
**Fyrtøjet**
Flydende acryl · Ecoline · Vokskridt
· Farveblyant · Sand · Lak / 2004

397
**Professor Adelart Antoni cruiser byen rundt i sin snurrige synkronmotoriserede sofacykel**
Kuglepen · Acryl · Flydende acryl · Guldbronze · Lak / 2012

401
**Klodshans**
Flydende acryl · Ecoline · Kridt · Farveblyant · PhotoShop / 2010

130

398

399

400

402
**Eventyret kalder**
Kuglepen · Kridt · Farveblyant ·
Flydende acryl · Ecoline / 2010

**7 - Naturtro igengivelser**

403
**Forår**
Farveblyant · Kridt · Akvarel ·
Flydende acryl / 1998

407
**Rold Skov**
Kuglepen · Akryl / 2011

404

405

406

408

409

410

411

412

413
**Gentofte Sø en vinterdag**
Kuglepen · Akryl / 2008

414

415

# APPENDIX

Rullet i rør, stablet i stakke. Klæbet på karton, samlet i charteks. Lagt i lag og klemt ned i kasser. Tegninger, tegninger og atter tegninger. For slet ikke at tale om alle de originaler, der er efterladt rundt omkring i sikkert for længst tømte arkivskabe og hængemapper på tidligere arbejdspladser. Den naturlige konsekvens af en voldsom tegneglæde, der tog sin begyndelse i min tidligste barndom og siden 1981 tillige blev min levevej. Nok lidt overdrevet; men ser ikke desto mindre for mig flere tønder land papir fyldt med farver og myldrende liv, hvis hele herligheden blev bredt ud.

# 15 tegninger, der siger alt – og lidt illustreret tekst der, fortæller resten

Her kunne så fortælles en lang og kedelig historie om, hvordan jeg blot til eget brug prøvede at lave et samlet overblik over godt 30 års arbejde. Og måske fordi jeg efterhånden har layoutet flere bøger for Fantasmus Artbooks fødtes tanken om, at det kunne da være meget sjovt at lave en bog med et udvalg af mine tegninger.
Så langt så godt. Havde jeg på forhånd vidst, hvor lang tid det tog at udvælge tegninger til bogen, var jeg nok aldrig gået igang. Og hvilke kriterier skulle jeg udvælge ud fra? Skulle bogen opbygges kronologisk? Opdeles efter teknikker? Opdeles i emner - plakater, avisillustrationer, undervisningsmaterialer etc.? Skulle illustrationerne vises i den sammehæng, hvortil de oprindelig blev skabt? Var det en god idé at vise udviklingsforløb fra de første løse rids over mere gennemarbejdede skitser til den færdige illustration?

Væk med al typografi og udenoms grafik, denne bog skulle med ganske få undtagelser udelukkende fokusere på selve tegningerne og indeholder således ikke alt det typografiske, layout, billedbehandling og fotocolager, som jeg har lavet tonsvis af. Over halvandet års tid udviklede bogen sig. Der blev valgt til og især fra. Adskillige darlings måtte dø. Det var vigtigt for mig, at bogen fik flow og tempo.
Valget faldt på at udvælge ud fra, hvad jeg personligt holder af og finder repræsentativt. Således vægter tegninger lavet for sjov og egen fornøjelse lige så tungt som bestillingsopgaver. En tegning for en lille kunde kan være fremhævet på bekostning af illustrationer lavet til store kunder. At bevare overblikket over så mange illustrationer og skabe sammenhæng og harmoni krævede et skelet at bygge op omkring. Syv siges at være et magisk tal, så måske er det derfor jeg en dag sad med syv fikspunkter - syv bunker tegninger med hver sit overordnede tema, sorteret så godt som det nu lod sig gøre.
For i virkeligheden berører de fleste tegninger flere - ja enkelte endog alle syv fikspunkter. Derfor skal bogen da også først og fremmest opleves som én lang glidende panorering hen over et broget virke. Og da bogen ender, hvor den begynder – et sted ude i den virkelige verden – er ringen sluttet, og de der har lyst kan tage en ekstra tur...

"Keine hexerei nur behändigkeit" siger tyskerne - Ingen hekseri blot behændighed. Og sådan forholder det sig jo med det meste. Vi ved jo godt, at der ikke opstår levende kaniner og fugle i tryllekunstnerens hat og brænder efter at vide, hvordan han bærer sig ad. Men ved også godt at fascinationen er borte i samme splitsekund, tricket afsløres.
Vi ved også godt, at når James Bond hænger på en flyvinge og kæmper for sit liv, foregår det hele i et filmstudie med indlagte kaffepauser. Knap så dramatisk forholder det sig naturligvis med tegningerne i denne bog, men i princippet er det det samme: Det er lidt federe, når mekanikken ligger delvis skjult og man ikke præcis forstår hvordan tingene er skruet sammen. På den anden side er der altid enkelte, der gerne vil mere bag om tingene. Til dem følger her på bogens sidste sider et kommentarspor med delvise svar på hvem, hvad og hvorfor, samt hist og her nogle kuriøse regibemærkninger. Her findes også lidt bonusmateriale i form af skitser og eksempler på sammenhænge, nogle af bogens mange tegninger oprindeligt er indgået i. Her findes også enkelte arbejder, der ligesom ikke rigtigt passede ind i bogens flow. Sidst men ikke mindst vises en snes logo-eksempler, hvorimod eksempler på layout og billedbehandling, som jeg har lavet rigtig mange af i årenes løb, må vente til en anden god gang, da det ligesom falder uden for denne bogs ærinde.

# 1 Stedsansende optegnelser

At mærke verden. Fornemme rum og dybde. Farve, form, vind og vejr.
Det er her det hele starter. En uvurderlig ved håndenbagage. Et stabilt teknisk fundament at arbejde ud fra - nu og da stadig at vende tilbage til for lige at skærpe iagttagelsesevnen eller for at fæstne et indtryk på papir. Nogle tegninger i dette kapitel er tegnet efter foto, andre er fri fantasi tegnet på en stemningsbaggrund, men langt hovedparten er tegnet on location.
Sjovt nok bliver resultatet her ofte mest vellykket og levende, når de store linjer og enkelte vigtige detaljer nedkradses på stedet, og senere færdigtegnes pr. hukommelse. Sikkert fordi jeg da ikke fortaber mig i den overvældende detaljerigdom, virkeligheden ofte består af.

Begyndelsen

Ældst bevarede stedsansende optegnelse - stuen i Farum 1969

4+

Magritte inspireret annonce 1999

1   **Aalborg Banegård en sommeraften · 1999 //** Det var først og fremmest det smukke sarte lys denne skønne aften, der var mit mål med tegningen. Sad ude på broen over jernbaneterrænet og fik styr på komposition og de vigtigste elementer. Så lidt længere ned i detaljegraden og fæstne farverne til hukommelsen, idet de sådan en sommerskumring nærmest ændrer sig fra minut til minut.

2   **Spor gennem Østerådalen, Aalborg · 2003 //** Igen var det lyset på denne meget tidlige forårsdag, der betog mig - og så det dragende ved jernbanesporenes uendelige forgrening ud i verden...

3   **Viadukt, Østerådalen Aalborg · 2003**

4   **Damp · Ca. 1995 //** Til et brochureudkast til SparNord Invest valgte jeg toget som udtryk for kraft og bevægelse. Jeg havde egentlig tænkt det som en fotoløsning. Men da det viste sig svært at finde de helt rigtige fotos og i en ensartet kvalitet, og da kunden var meget glad for skitserne, blev vi enige om, at det skulle være et tegnet udtryk i den færdige tryksag. Udfordringen var så at overføre skitsernes umiddelbare energi til rentegningerne. Men det lykkedes heldigvis. Tegningerne er fiktioner konstrueret på baggrund af gamle sort/hvide jernbanefotos. Illustration nr. 5, 6 og 7 stammer fra samme job.

5   **Lokomotiv · Ca. 1995 //**

6   **Signal · Ca. 1995 //**

7   **Godsvogn · Ca. 1995 //**

8   **Jernbanespor, Aalborg · 2003//** Som 2 og 3 er også denne illustration tegnet op ude på stedet og færdigbearbejdet hjemme.

9   **DB · Ca 2000 //** Skitse til ikke realiseret tegneserieprojekt.

10  **På sporet af den tabte tid · 2006 //** En meget varm sommerdag gik jeg med min tegnekolega, Ole Flyv, ud i den gamle jernbaneremisse i Aalborg og fandt motivet til denne tegning samt 12 & 14.

11  **Ved havet · Ca 1995 //** Tegnet til SparNord Bank og bla anvendt på kort og web.

12  **Spritvogn · 2006 //**

13  **Trukket på land · 2006 · //** Tegnet en sommeraften på Aalborg Bådehavn.

14  **Godsvogne · 2006 //**

15  **Baggård · 1981 //** Malet i Molktesgade, Randers, hvor jeg gik på Randers Kunstskole. Forløbet var treårrigt, men ung og utålmodig smuttede jeg videre efter første år.

16  **Høje nordboer i Kina · Ca 1985 //** Først mange år senere skulle jeg med egne øjne se en lille bid af Kina. Den gang måtte jeg på baggrund af billeder i et par bøger og artiklens tekst konstruere mig frem til denne illustrationstration til Amtsavisen Randers. Artiklen handlede om den opsigt, et par høje nordboer dengang vakte i en kinesisk landsby.

17  **Vinhøst · Ca 1985 //** Endnu en af mange illustrationer til Amtsavisen Randers, hvor jeg blev ansat i 1982 og blev de næste fem år, hvoraf de tre første var læreår som blad- og reklametegner. Alt, hvad der ikke var i gå- eller cykleafstand fra avisen, blev tegnet efter foto som her. Kunsten er ikke at forholde sig alt for konkret til fotoforelægget, så motivet holdes let og levende.

18  **Markedsdag i Garda · 1975 //** En almindelig blå kuglepen, et stykke A4-papir af ikke alt for brillant kvalitet og en malerisk udsigt fra hotellets terrasse er de eneste tre ingredienser i denne illustration tegnet på en ferie ved Gardasøen. Og nej, tegningen er ikke spejlvendt - Taverna lysskiltet ses fra bagsiden.

19  **Campo di Fiori Rom · Ca. 1995 //** Til denne illustration for Vela Stole lå en Italiensrejse ikke lige for, og jeg måtte desværre nøjes med et foto som forelæg.

20  **Oste · Ca. 1996 //** Fra reklameudkast til rederiet Color Line

21  **Otium · Ca. 1998 //** Tegnet til en SparNord-plakat og annonce. Plakaten blev så efterspurgt, at Spar Nord valgte at trykke en mappe med denne og tre andre tegninger, som kunne købes i banken og hurtigt blev udsolgt. I mappen var også illustration 11 her i bogen. De fire udvalgte tegninger blev endvidere anvendt på kort og på web. Tegningen er en fri fortolkning af et foto fra en Tricia Guild-bog, som det viste sig for dyrt at købe rettighederne til, men der blev lavet en eller anden aftale om, at der kunne laves en illustration inspireret af fotoets motiv - og det tabte ikke ved denne konvertering, hvis jeg selv skal sige det. Tegningen er blevet en af mine mest populære gennem tiden.

22  **Lis i døren · 1987 //** Tegnet en sommerdag på Nørretrandersvej i Aalborg.

23  **Vandhyacinter og guldfisk · Ca. 1988 //** En lille havedam stod model til denne farveblyant-ting.

24  **Oase på 2. sal · 2011 //** For at få dette view ud over min lille altan måtte jeg sætte mig ud på badeværelset med tegneblokken og tegne gennem det åbne vindue ud til altanen.

25   To træer · 1983 // Tegnet i Doktorparken, Randers.

26   Vasketøj · 1990 // Et af de der gode hverdagsmotiver, som bare må ned på papiret.

27   Tidligt forår · Ca. 1987 // Et kig ud af mit daværende køkkenvindue.

28   Brombær og brumbasse · 2002 // Det er ikke altid nødvendigt at fare den halve klode rundt for at finde oplagte motiver. Dette close-up samt tegning 26, 29 og 32 er alle fundet ude i min daværende baghave.

29   Under æbletræet · 1997 //

30   Nørretranders Kirke ved Aalborg · Ca. 2001 // Af lidt statistik fremgår det, at jeg har været mest ude med tegnegrejet i det tidlige forår. Måske fordi der skal kompenseres for indespæringen hele vinteren? Eller måske fordi lyset om foråret er så intenst!

31   November stilleben · 2000 // Ofte lagres erindringer i stregerne, når jeg tegner. Og nogle gange er det underlige ting af tvivlsom nytteværdi, der er lagt ind på hukommelsen. Fx husker jeg tydeligt, at denne tegning blev til den dag, Dronning Ingrid blev begravet, fordi fjernsynet kværnede i baggrunden med en længere udsendelse i den anledning.

32   Ruskvejr med æbler · 2002 //

33   Cognac · Ca. 1997 // Markere er et herligt kontant medie, hvor bordet fanger. Man skal hele tiden se klart for sig, hvad man arbejder hen imod fra lyset mod mørket med de transparente farver. Reklameudkast til rederiet Color Line.

34   Stilleben med flaske, løg og grydelåg · 1981 // Det er tydeligvis især emaljelåget og flasken, der her har haft min fulde opmærksomhed.

35   Stilleben med kande · 1978 // Malet på aftenskole.

36   Sol i vindueskarmen · 1981 // Dette motiv fandt jeg såmænd i en vindueskarm på Randers Kunstskole.

37   Morgen · Ca. 1998 // Tegnet til Spar Nord Bank.

38   Familien Birkemose i 23 er vældig stolt af deres havelåge · 2003 // Nogle gange kæmper man med et motiv. Andre gange, som i tilfældet her, opstår billedet nærmest af sig selv.

39   Bøger · Ca. 1997 // Fra reklameudkast til rederiet Color Line.

40   Parfume · Ca. 1997 // Fra reklameudkast til rederiet Color Line.

41   Tine · 1993 // Tine fandt her et dejlig lunt sted foran kakkelovnen, og jeg fandt et godt motiv.

42   Malersalen · Ca. 1981 // Motiv fra Randers Kunstskole.

43   Farven gul · Ca. 1997 // Fra reklameudkast til rederiet Color Line.

44   Borgvindue · 1985 // Tegneblok og lidt tegnegrej er en lige så sikker ting i rejsebagagen som rene underbukser og sokker. Dette motiv fandt jeg på den gamle borg i Kufstein.

45   Slaraffenland · 1983 // Læselystne Lis tegnet på Randers Hovedbibliotek.

46   Stilleben · Ca 1980 // Har altid følt trang til at afprøve forskellige udtryk og teknikker. Den Carl Larsson-agtige rene streg og akvarelfarve dyrkede jeg en del i en periode.

47   Yngre mand føler pludselig trang til et glas øl · 2003 // Ikke noget konkret sted men malet med Ib Rene Cairo i Reberbansgade, Aalborg i tankerne.

48   Huset ved søen · 2003 // Et meget enkelt men udtryksfuldt motiv, der ikke tog ret lang tid. Grundede et stykke pap mørkegråt og med en enkelt blå og en gul-orange malede jeg motivet frem.

49   Læse hjørne · Ca. 1997 // I den endelige version af denne illustration tegnet til SparNord Bank blev der tegnet en bærbar PC ind på det lille bord. Personligt holder jeg mere af denne første udgave.

50   Fiat 500 · Ca. 1996 // Udsnit af tegneserieside.

51   Sent og koldt · 1987 // Sad lunt inden døre da jeg nedfældede denne vinterstemning set fra stuen på min daværende bopæl på Nørrebrogade, Randers.

52   Leave this Town · 2011 // Cover illustration til Peter Larsens promotion CD af samme navn.

53   Slotsgade, Aalborg · 1988 // Her indscannet efter en fotokopi. Originalen var i farver og blev foræret til en ven, der dengang boede der på kvisten.

54   Hjørnet af Adelgade / Møllegade, Randers · 1987 // Udsigten fra min pind på tegnestuen på Amtsavisen Randers.

55   Jernbanegade 19, Aalborg · 1998 // Måske kan jeg dybest set takke det danske forsvar for, at jeg blev tegner. Som værnepligtig i Aalborg brugte jeg fritiden på tegnekursus på aftenskole og på at gå rundt i byen med min tegneblok, mens beslutningen om at forsøge at gøre tegneriet til min levevej langsomt modnedes. Illustration 58 og 59 er fra samme periode.

56   Café Lygten · 1990 // Kulisse til tegneserie, frit inspireret af Algade i Aalborg.

57   Veteraner i byen · 1986 // Illustrationstration fra Amtsavisen Randers.

58   Bøger, bøger, bøger · 1988 // Den venlige antikvar lod mig tegne i hans butik i Niels Ebbesensgade, Aalborg. Originalen forærede jeg i bytte for nogle bøger.

59   Hjelmerstald, Aalborg · 1988 //

60   København · 2011 //

61   Husgavl · Ca 1998 // Tegnet til en SparNord plakat og annonce.

62   Møllegade, Randers · Ca 1985 //

63   Nedrivning · Ca 1983 // Illustration fra Amtsavisen Randers.

64   Ørsted Parken, København · 2012 // Senere har jeg ikke i samme grad dyrket det at gå ud med tegneblokken som i læreårene. Men engang i mellem er det stadig rart lige at få skærpet iagttagelsessanserne.

65   Fra mit køkkenvindue · 2006 // Udsigt mod Mølleplads, Aalborg, en blygrå vinterdag.

Helsider fra Amtsavisen Randers og Randers Posten onkring 1986

44+ / Skitseblokken med på rejse

Niels Ebbesensgade, Aalborg. Linoliumstryk 1980

67+, 99+ / Med tegneblokken ude i det virkelige liv

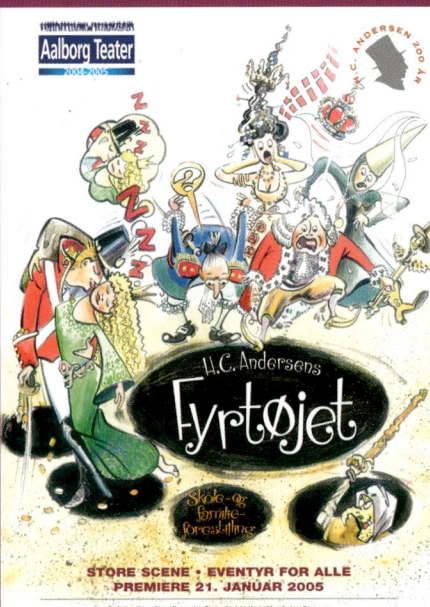
393+

141+, 230+,

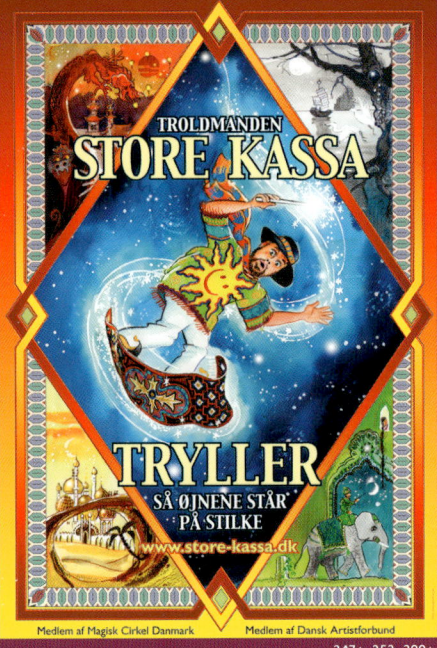
347+, 353, 399+,

373+

282+

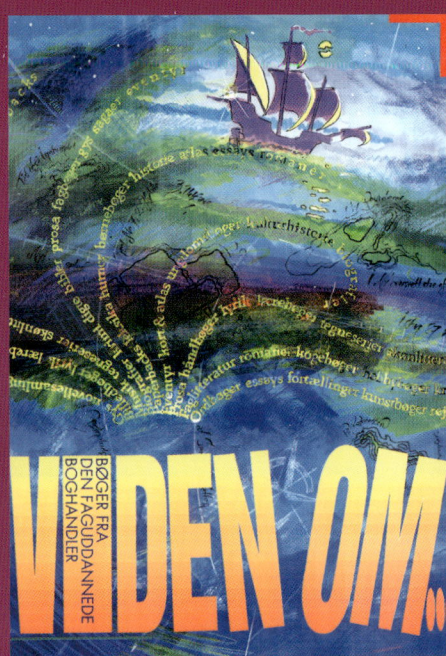
363+
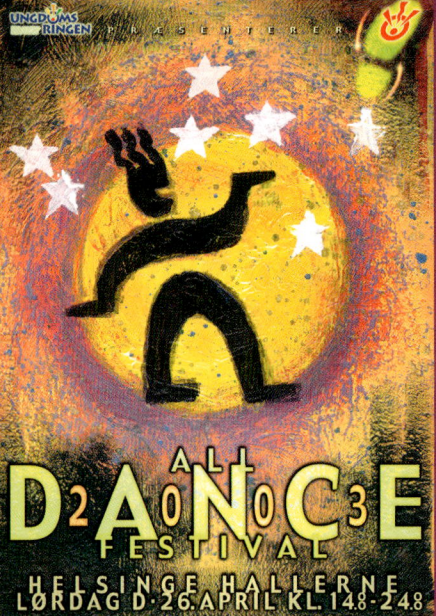
311+

302+

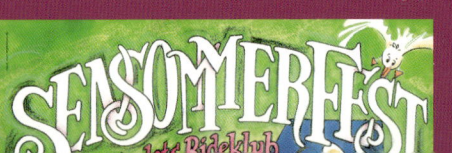

## 2 Intense øjebliksbilleder

Mennesket spejler sit eget. Uagtet hvor meget liv og nerve jeg har søgt at puste i gengivelserne af naturen, husene, byen...
Det er her, hvor mennesket for sjov og alvor kommer ind i billedet, at der begynder at opstå tolkninger og historier.
Se os! Se alt det vi har gang i, og hvor på een gang ens og forskellige vi er. Se det gengivet i en broget samling intense øjebliksbilleder.

66   Tine · 2012 //
67   Selvportræt · Ca 1983 //
68   Kvindeansigt · Ca. 1999 // Fra reklameudkast til rederiet Color Line.
69   Poul Schlüter · 1986 // Endnu en tegning til Amtsavisen Randers. Der var jo ikke så meget idé i at tegne af fra et foto, så det lignede et foto, så jeg søgte gerne at give det et grafisk udtryk.
70   Det' løgn · 1984 // Plakat til børneteatergruppen Mariehønen for hvem jeg nærmest var hustegner i perioden 1982 - 1987. Målet på den trykte plakat var 594 x 420 mm, men original illustrationen var cirka på størrelse med et pasfoto, og det gav en fed virkning at blæse den så stort op. Pigen under cap'en var iøvrigt den meget unge Gitte Madsen, der senere skulle blive medstifter af Kaospiloterne, livsstilsekspert på tv, underholdningschef på TV2 og meget andet. Lederen af det lille omrejsende børneteater hed Peter Westphael og han blev siden leder af Randers Egnsteater – at det skulle gå sådan, vidste vi naturligvis ikke dengang, men energien og engagementet var til stede.
71   Ung mand · Ca. 1999 // Fra reklameudkast til rederiet Color Line.
72   Portræt · Ca. 1985 // I årene på Amtsavisen Randers, blev det til adskillige portrættegninger, hvor jeg fik et foto som forelæg.
73   Kvindeansigt · 1983 // Total 80'er-look tegnet til forsiden af et modeltillæg til Randers Posten.
74   Oluf Palme · 1986 // Portrættet blev tegnet i al hast til Amts Avisen Randers efter mordet på Oluf Palme og siden brugt som temavignet til de mange artikler, der fulgte med mulige teorier, politiske analyser og omtale af det mislykkede opklaringsarbejde. Det var heldigvis ikke hver dag, avisen bragte så dramatisk nyt. Men når det skete, blev man hurtigt briefet om morgenen og havde så indtil klokken 11, hvor avisen skulle i produktion, så de første aviser kunne være på gaden lige over middag. Denne hektiske arbejdsform kunne jeg rigtig godt lide.
Et mord på en politiker her i norden var i sig selv en sensation, og for ikke at gøre det voldsomt eller plat valgte jeg et helt enkelt og grafisk neutralt udtryk.
75   Lis · 1988 //
76   Kvindeansigt · 1989 // Illustration til et digt i bladet SIND, som jeg også layoutede i et par år.
77   Hjemme · Ca. 1985 //
78   Interiør · 1994 // Et lille stemningsrids fra min mormors dagligstue. Den der sprøde enkle streg, som Ebbe Sadolin og Hans Bendix mestrede, har jeg altid holdt meget af. Uden sammenligning iøvrigt blev jeg ganske ferm til den i en periode, men har desværre forsømt at holde den ved lige de senere år.
79   Træt · 1994 // Tine sover i kurvesofaen.
80   Tine tegner · 1994 // Som lille var Tine lige så tegnetosset som sin far, og her er hun med papir og tusser i et IC3 tog.
81   Pigeansigt · Ca 1986 //
82   Tine · 1994 // Igen den der sprøde Ebbe Sadolin-inspirerede streg.
83   Pigeansigt · Ca 1986 //
84   Lis · Ca 1986 //
85   Interiør · 1994 // Fint lille interiørstudie fra min morfars kontor.
86   Lis læser · 1994 //
87   Tine i bad · 1994 //
88   Interiør · 1994 // Selv om jeg måske kun arbejdede et kvarters tid med tegninger som denne fra min søsters lejlighed på Forhåbningsholms Alle, København, bliver den en del af et indre erindringsalbum, hvor det, at hånden har tegnet, hvad øjet så, også har fæstnet motivet til hukommelsen på en anden måde, end det gør ved at knipse et foto. I mange år har jeg faktisk ikke engang ejet et kamera.
89   Majfestival · 1988 // Illustration fra magasinet SIND.
90   Eftertanke · 1994 // Min mormor som på daværende tidspunkt var omkring 87 år gammel.
91   Klar til afgang . 1983 // Da min søster Tove flyttede til Paris for en årrække, skulle hun naturligvis have en lille hilsen med på vejen.
92   Majfestival · 1988 // Illustration fra magasinet SIND.
93   Jul · 1988 // Et lille stemningsglimt fra julen på Nørretrandersvej, Aalborg
94   Nede · 1988 // Gennem et par år var det min tjans at stå for den grafiske formgivning af magasinet SIND, udgivet af Landsforeningen Sindslidendes Vel. Et interessant arbejde! Det var til tider lidt sparsomt, hvad jeg modtog af billedmateriale at gøre godt med, så jeg forsøgte at bløde de tunge tekster op ved hjælp af overskrifter, der dannede grafiske billeder, og nogle gange greb jeg også til selv at skabe nogle hurtige illustrationer til bladet som eksempelvis denne samt illustrtion 95-98.
95   Nu ventes der på dommen · 1988 // Illustration fra magasinet SIND.

69+, 74+

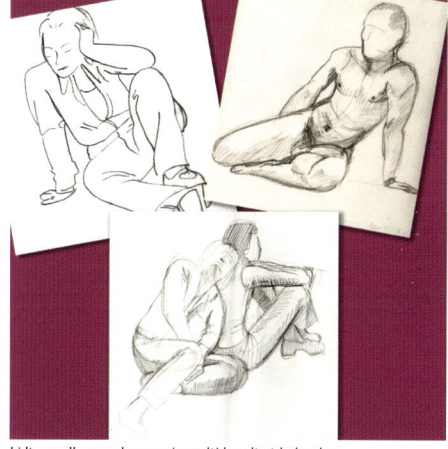

Lidt grundlæggende croquis er altid godt at beherske

70+

94+, 96+

100+

135+ / Samt forsiden til et fodbold tillæg

125+

Annonceserie fra Amtsavisen Randers 1986

| | | |
|---|---|---|
| 96 | **Tilflugt fra lidelsen · 1988** // Illustration fra magasinet SIND. | |
| 97 | **Sidder her og tænker · 1989** // Illustration fra magasinet SIND. | |
| 98 | **Omkring spisebordet · 1989** // Illustration fra magasinet SIND. | |
| 99 | **På børnebiblioteket · 1985** // Situationen med den lille lyttende pige er fanget på hovedbiblioteket i Randers og i sin tid bragt i Randers Posten. | |
| 100 | **Den intellektuelle · 1994** // Da der på et tidspunkt blev etableret fanklubben Den Danske Tintinklub, meldte jeg mig fluks ind og blev med tiden også en flittig bidragsyder til klubbladet. Denne illustration samt 103, 104 og 108 er tegnet til en lille munter artikel, hvor jeg causerede over arketyper blandt tegneseriefans. | |
| 101 | **Messe · Ca. 1987** // Tegnet til en annonce. | |
| 102 | **Budgetmøde i Randers byrådssal · 1985** // Og her var jeg så med en journalist til byrådsmøde for at lave bla. denne illustration til Amtsavisen Randers. | |
| 103 | **Samleren · 1994** // Fra fanzinet Det Danske Tintinblad. | |
| 104 | **Den emotionelle · 1994** // I denne periode var kombinationen pensel og en tynd pen mine foretrukne tegneredskaber. | |
| 105 | **Mobning · 2009** // Forslag til døveundervisningsmateriale tegnet til Materialecentret. | |
| 106 | **Registreret · 1989** // Illustration fra magasinet SIND. Det blev jo til nogle illustrationer og vignetter til dette blad, og for at det ikke skulle være alt for tydeligt, at det var een og samme tegner, der tegnede en stor del af bladets illustrationer, tilstræbte jeg at variere udtrykket. | |
| 107 | **Træk et strå · 2003** // Her har jeg været igang som underleverandør til Reklamebureauet Tankegang. | |
| 108 | **Den leksikale · 1994** // Fra fanzinet Det Danske Tintinblad. | |
| 109 | **Syng med · Ca 1986** // Her var jeg Amtsavisens udsendte for at nedfælde nogle indtryk fra "Håndværkeren" i Randers, hvor amatører lavede et ganske underholdende show inspireret af den engelske tv succes "Good Old Days". Illustration 114 og 119 er fra samme forestilling. | |
| 110 | **Dans omkring Jukeboxen · 2006** // En af mange illustrationer tegnet til Fjordlyst Udlejning. | |
| 111 | **Fødselsdags tilbud · 1988** // Tegnet til Dreisler tilbudsavis. | |
| 112 | **Astma Skolen "På høloftet" · 2009** // Denne og illustration 116 er blot et par af ca. 40 illustrationer til et undervisningsmateriale i at leve med astma. Der var tale om en gennemgribende opdatering af et materiale, der var blevet lidt gammeldags i sit udtryk. Det er jo ikke kun tøjmode, der ændrer sig, eller at alle børn nu render rundt med mobiltelefoner; også selve måden at tegne på ændrer sig. En dag sidder der sikkert en illustrator, der har fået til opgave at opdatere tegningerne her. | |
| 113 | **EP · 2009** // En logomand til et værktøjsfirma skal naturligvis have et kækt og handlekraftigt udtryk. | |
| 114 | **Fulderik · Ca 1986** // Når tingene foregår der live på scenen nytter det ikke noget at fedte for meget med tingene og udtrykket. | |
| 115 | **Den typiske medarbejder · 2007** // Fik en stribe stikord om vaner, interesser, alder, køn mv. og skulle her ud fra tegne et portræt af den typiske medarbejder i Region Nordjylland. | |
| 116 | **Astma Skolen "Hurtig hjælp" · 2009** // | |
| 117 | **Avisbud · Ca. 1988** // Illustration til annonce. | |
| 118 | **Fødselsdags tilbud · 1988** // Tegnet til Dreisler tilbudsavis. | |
| 119 | **Modern types · Ca 1986** // Da jeg sad der i salen med mit tegnegrej, viste der sig et praktisk problem, jeg ikke lige havde tænkt over på forhånd: Da lyset i salen blev dæmpet ned var der faktisk temmelig mørkt, og tegneriet blev sådan delvis på gefühl. | |
| 120 | **Pige med killing · 2006** // Fra et undervisningsmateriale for hørehæmmede udgivet af Materialecentret. | |
| 121 | **Festforberedelser · 2008** // Kors - når jeg tænker på, hvor lang tid det må tage at tegne og ikke mindst farvelægge de der Find Holger tegninger, efter selv at have lavet illustrationer som disse. Men de er dælme sjove at lave. | |
| 122 | **Event · 2008** // Bemærk Professor Adelart Antoni. Således har jeg af og til moret mig med at lade figurer fra en tegning fortsætte i en anden. Måger er næsten også altid med på mine store myldretegninger. | |
| 123 | **Sommer · 2003** // Som illustration 121, 123 og 124 er denne tegning lavet til forsider på Ranum Teltudlejning kataloger og prislister. Hver tegning havde et tema, hvori en stribe produkter skulle placeres på en festlig og farverig måde, og jeg søgte ofte at indlægge små hændelsesforløb i tegningerne. | |
| 124 | **Festtelte · 2006** // Tegnet til Ranum Teltudlejning. | |
| 125 | **Blokhus · 2012** // Jeg er kommet meget i Blokhus og har stedet og stemningen inde under huden. Så at lave denne tegning til en Blokhus Turistplakat for Galleri Blokhus var en herlig opgave. Jeg havde det dejligt med at lave den, og tegnearbejdet gik nærmest af sig selv. | |
| 126 | **Måge · 2003** // | |
| 127 | **Hele vejen rundt om snapsen · 2004** // Da Aalborg Akvavit, som det stadig hed dengang, henvendte sig for at få dekoreret en væg i deres auditorium, var der ikke noget at betænke sig på. Jeg så flere mulige temaer for mig; Snapsens historie, Snapsens udbredelse ud over kloden, Hvordan snapsen fremstilles. Men jeg besluttede mig for at tage udgangspunkt i det, alle danskere evig og altid taler om; vejret, og tegnede en slags året rundt med snapsen. Originalen var vel ca 80 x 160 cm og blev digitaliseret og blæst op på en væg der var omkring 3 X 6 meter.<br>Ud over at samtlige forskellige snapse er med på tegningen (hvilket ikke er let at se i denne størrelse), myldrer tegningen med forskellige referancer til snapsen. Jeg kunne fortælle om, hvordan de fire elementer har hver sit hjørne, hvordan her er fortid og fremtid, fantasi og fakta, unge og gamle, stille nydelse og fest, Aalborg og København og alt muligt andet... Men gå selv på opdagelse hvis du har lyst. Jeg synes, Arne Ungermann er en fantastisk tegner og inspiration fra den side kan anes - eller jeg kan ihvertfald, fordi jeg ved den er der. | |
| 128 | **Magisk øjeblik · Ca. 2004** // Sådan en tegning jeg fik lyst til at tegne bare for sjov. | |

129 I vinduet · Ca. 1995 // Tegnet til en Audiolink plakat.

130 Kong vinter fremtryller isblomster · 2003 //

131 På billedet ser De blandt andet en gul cykel med tre gear · 2003 // En slags selvportræt :-)

132 Otte er nok · 2004 // På et tidspunkt havde Kommunik gang i en kampagne for Aalborg Universitet, der skulle fortælle at et gennemsnit på otte var nok til at søge ind på mange studier. Illustration 134 og 136 er fra samme kampagne.

133 Jævnt ned ad bakke · Ca. 1999 // Fra et julekort til mine kunder.

134 Otte er nok · 2004 // Tegnet for Kommunik / Aalborg Universitet.

135 På ski · 1986 // På avis arbejdede vi dengang mest med DP farver. Det vil sige rene farver, og en tegning som denne er faktisk tegnet med forskellige toner af gråt og sort på tre ark papir. Et ark for sort, et for rødt og et for blåt. I praksis betød det, at farvetegningen først opstod i rotationspressen, og så stod man der klar til at flå den første avis ud af maskinen for at se, om det var blevet som forventet. Ja det vil sige: Efterhånden blev man jo så skrap, at man ret nøje kunne konstruere farveillustrationer på den måde. Bla illustration 172 er lavet på denne måde

136 Otte er nok · 2004 // Tegnet for Kommunik / Aalborg Universitet.

137 Golf · 2004 // Tegnet for Tankegang / Mariagerfjod Kommune.

138 Astrotegner · Ca. 1996 // Tjah egentlig er dette blot en lille skør vignet tegnet for sjov på bagsiden af en anden tegning, men jeg synes lige den passede ind her.

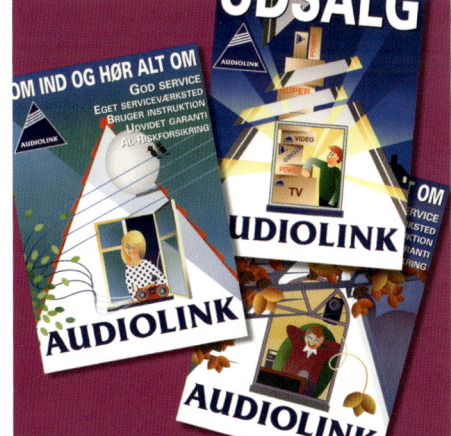

128+ og andre skitser

## 3 Sprudlende livstegn

Er det sådan, livet ser ud, eller er det sådan, jeg gerne vil at det skal se ud? Sikkert lidt af begge dele. Kan ikke lade være med at se det pudsige i meget af det, der sker omkring os - betragte verden gennem et smilehul. Vil gerne være med til at give farveløse dage lidt mere kulør og i bedste fald også sende lidt livsglæde tilbage med tak for lån til den verden omkring os, hvorfra jeg henter mine idéer og inspiration. Vi kender jo alle både julemanden og en indkøbsvogn eller et hjerte og en rundkørsel. Min opgave er at give det et lille twist ...at skabe overraskelser og give det nyt liv.

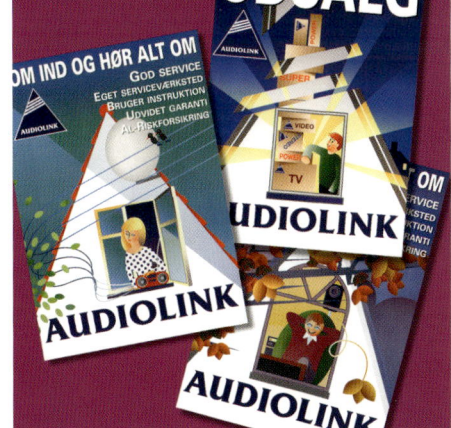

129+

139 Frøknerne Engblom drikker te i deres fortryllende have · 2003 // Ved egentlig ikke helt hvordan denne tegning blev til. En energi - bare noget der skete på et par timer. Efterfølgende blev jeg så "forelsket" i disse to gamle frøkener, at jeg flere gange er vendt tilbage til dem. Jeg forestiller mig dem som et par ugifte søstre, der udefra set er gået i frø, men faktisk har et rigt liv.

140 Frøknerne Engblom konverserer elskværdigt en herre af anden etnisk herkomst · 2006 //

141 Den arabiske nat · 2004 // Dette er blot et lille udsnit af en plakat tegnet til Aalborg Teaters opsætning af Schimmelpfennigs helt fantastiske teaterstykke af samme navn. Fantastisk bla fordi der på scenen foregår flere parallelle og samtidige handlingsforløb, som kun kan laves på teater. Som bog eller film ville denne særlige dynamik være umulig. Plakaten kan ses i sin helhed på side 142.

142 Frøknerne Engblom pjanker i en nobel hatteforretning · 2009 //

143 Bedford · 1999 // Et lille erindringsbillede. Som dreng holdt jeg af at køre med min far ud i den gamle røde Bedford.

144 Frøknerne Engblom på vej til Hildesheim i eget automobil · 2006 //

145 Kamma og Godtfred Axelsen ser på kunst · 1996 // "Nej har du set Godtfred - de har også kogekunst!" Tegningen blev bragt i Aalborg-satirehæftet Akhva'vitsen som en kommentar til den daværende sag om Anna Castbjerg der snød sig til en lederstilling på kunstmuseet Arken på baggrund af et forfalsket cv. På Nordjyllands Kunstmuseum, som ledtes af folk med de rigtige uddannelser og orden i cv'et, var en af de udstillede "kunstgenstande" på det tidspunkt virkelig dette gaskomfur med tre Tivoliballoner.

146 Fri-Stedet · 1997 // Fritidsklubben Fri-Stedet i Aalborg er et sjovt sted, hvortil jeg har lavet mange ting. Noget af det største var da jeg på et tidspunkt malede ca. 20 døre med glade Arnoldi-agtige motiver, og så naturligvis Prinsesse Knuds Karet - en knaldblå bus dekoreret med en hidsiggrøn flammekastende drage (se side 154). Jeg har også tegnet adskillige plakater for Fri-Stedet, der ligger i et område med rigtig mange forskellige etnisiteter. Dette er en af dem, hvor jeg søger at visualisere den ånd af åbenhed og plads til alle, der er stedets filosofi. Fri-Stedets gule logofugl er oprindelig kreeret af Mogens Bach.

147 Sving-om · 2006 // Denne og illu. 159 er tegnet til et interaktivt materiale for Materialecentret.

148 Ambitionscykel · 2003 // Denne er faktisk tegnet på en keramisk flise.

149 Kagemand · 1989 // Tegnet til materiale for hørehæmmede udgivet af Materialecentret.

150 Kaffeselskab · 2006 // Tegnet til materiale for hørehæmmede udgivet af Materialecentret.

151 Tunø Festival 2012 · 2012 // Flere gange er det blevet til præmier i plakatkonkurrencer. Sådan skulle det ikke gå med denne, men derfor synes jeg nu stadig, at det er en ok tegning. Det var et krav at der indgik måge, hav og kontrabas på plakaten.

152 Mega-uge · 2001 // Plakatopgave for Ungdomsringen.

153 Ali Babas Karavane · 2006 // Plakatillustration - og så er der faktisk blandet rigtig sand i den sandfarve, dromedaren står på.

154 Broen · 2011 // Et stykke frivilligt arbejde for foreningen Broen, der hjælper børn og unge fra belastede familier til forskellige fritidsaktiviteter.

153+

154+

146

(Foto: Svenn Hjartarson)
+332

(Foto: Ole Flyv)
+401

(Foto: Svenn Hjartarson)
+127

(Foto: Tine Jakobsen)
+255

+259 og andre renovationsbiler

(Foto: Svenn Hjartarson)

(Foto: Ole Flyv)

(Foto: Svenn Hjartarson)

182+

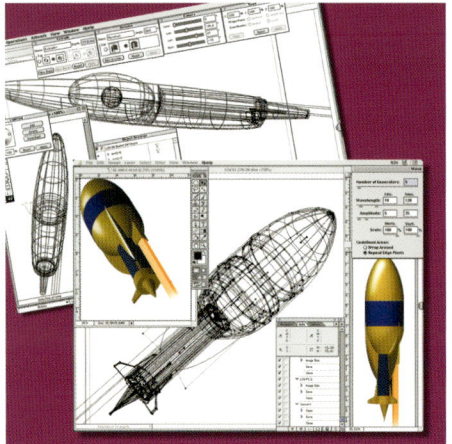

185+

178+

| | |
|---|---|
| 155 | **Emil · 2005** // Jamen det var jo bare så skønt at få til opgave at tegne denne teaterplakat til Aalborg Teater. Astrid Lindgrens historier elskede jeg som barn – og gør stadig – så det var dårlig nok nødvendigt at åbne bogen for at genopfriske figurerne, stemningen og alle narrestregerne. |
| 156 | **Langhøjskolen · 1995** // Et lille stik af vemod på sidste skoledag det var alt. Siden har jeg aldrig savnet skoletiden. Måske er det bla. også derfor, at min illustration til jubilæumsskriftet til Langhøjskolens 25 års jubilæum, hvor jeg gik fra 4. til og med 7. klasse, handler om skolen som springbræt til at komme videre ud i det virkelige liv under en paraply af viden. |
| 157 | **Fri-Stedets Ranch · 1997** // Plakatillustration til Fri-Stedet. Heldigvis kom ingen mennesker eller heste til skade, da ranchen senere nedbrændte, men denne og flere andre originaltegninger blev flammernes bytte. |
| 158 | **Pjerrot · 2007** // Tegnet til den nu lukkede forlystelsespark Karolinelund i Aalborg. |
| 159 | **Smilehullet · 2004** // Plakatillustration til Fri-Stedet. |
| 160 | **Papirvenner · 2011** // Dekoration på Renovationslastvogn. Det er ofte umuligt at sige præcis, hvordan en idé bliver til. Idéen skal både være god - kunne bære, men den skal også være visuel. En af idéerne i at genbruge papir er at skåne træer, så det blev dette personificerede træ, der ser papircontainerne som sine bedste venner, og så er der naturligvis fugle og forskelligt. Igen; det er svært at sige, hvordan idéer opstår, det er noget med en skitseblok og lade tankerne flyve, ofte mere i form af stikord end egentlige tegninger. Men jeg kan helt sikkert sige, at træet fik sit udtryk under indflydelse af Claus Brusens malerier, og idéen om at lade tegningen gentage på lastvognen fik Kurt Edelbo, som jeg virkelig har nydt at samarbejde med omkring Aalborg Kommunes Renovationsvæsen. |
| 161 | **Ryd sne! · 2011** // En anden dekoration til Aalborg Kommunes renovationslastbiler. |
| 162 | **Ryd sne! · 2010** // - Og endnu en. |
| 163 | **Vaskebjørn · 2008** // Tegning til den store vaskehal hvor renovationsbilerne dagligt får et velfortjent bad. |
| 164 | **Børneværelse · 2011** // Basaltegning vil jeg kalde alle tegninger på side 50 og 51. Det er alle tegninger til undervisningsmaterialer til døve og hørehæmmede udgivet af Materialecentret. Det føles meningsfuldt at være en del af en sådan produktion, der gør indlæring nemmere og mere spændende for denne gruppe børn. Fælles for disse opgaver er at jeg modtager omfattende lister med alt det, der skal tegnes både som enkeltillustrationer og i store oversigtstegninger som her. Kravet er, at alt skal være tydeligt og let genkendeligt. Ikke så meget pjat eller kunstnerattitude. Det er faktisk en ret tilfredsstillende disciplin, der stiller krav til éns helt grundlæggende tegneevner, som jeg godt kan lide en gang imellem. Fotografisk vil man ikke i samme grad kunne skabe enkelhed og rense op for alt uvæsentligt. |
| 165 | **Kirke · 2008** // Tegnet til undervisningsmateriale for hørehæmmede udgivet af Materialecentret. |
| 166 | **Barnedåb · 2008** // Tegnet til undervisningsmateriale for hørehæmmede udgivet af Materialecentret. |
| 167 | **Supermarked · 2010** // Udsnit af tegning. Det tog godt nok lang tid at tegne alle de hylder med varer - det hjalp lidt at lytte til Ben Q. Holms fede lydbog "Københavns mysterier" imens. |
| 168 | **Supermarked, grøntafdeling · 2010** // Tegnet til undervisningsmateriale for hørehæmmede udgivet af Materialecentret. |
| 169 | **Køkken · 2011** // Tegnet til undervisningsmateriale for hørehæmmede udgivet af Materialecentret. |
| 170 | **Zoo · 2006** // Tegnet til undervisningsmateriale for hørehæmmede udgivet af Materialecentret. |
| 171 | **Glade Jul · 2007** // Tegnet til materiale for hørehæmmede udgivet af Materialecentret. |
| 172 | **For fuld jul / Ca. 1990** // Tegnet til Dreisler tilbudsavis. |
| 173 | **Juletræet med sin pynt · 2003** // Tegnet til materiale for hørehæmmede udgivet af Materialecentret. |
| 174 | **Jul i Randers · 1985** // Skøre tegner - efter arbejdstid gik jeg på en café for at indhalere en julebryg, og da der lige uden for vinduet var dette julemotiv, blev tegneblokken hevet frem og motivet her kradset ned og blev siden til en forside på Randers Posten i både 1985 og 1986. |
| 175 | **Et barn er født i Betlehem · 2002** // Tegnet til materiale for hørehæmmede udgivet af Materialecentret. |
| 176 | **Hjem-Is (Et vintereventyr) · 2001** // Illustration til Hjem-IS julekalender |
| 177 | **Amorin · 2000** // Bryllupsvignet. |
| 178 | **Jokkes jul · 2002** // Jeg var soldat sammen med Lars Nielsen, der allerede dengang havde gang i et mobildiscotek sammen med en kammerat. Det blev senere til Nobody Jukeboxudlejning, hvortil jeg tegnede en del i en periode. Malebog, julekalender og meget mere. Tegningen her er fra et julekort. |
| 179 | **Roulette Jul · 2003** // Brugt som julekort og i annoncer for Casino Aalborg. |
| 180 | **I julehumør · Ca 1990** // Når jeg tegnede juleillustrationer til forskellige tilbudsaviser, søgte jeg altid at give dem et lidt muntert og anderledes twist end de traditionelle clip-arts, som det også er tilfældet med illustration 170 - begge tegnet til Dreisler Storkøb. |
| 181 | **Julelys · Ca. 1988** // Tegnet til annonce. |
| 182 | **Sputnik · 1999** // Fyrværkerifirmaet L.C.H. Import blev springbrættet til min karriere som free-lancer. Jeg lavede sindsygt meget for dem: Kataloger, annoncer, embalager - ja designede godt 10 komplette produktlinjer. Det var L.C.H. Import, der udviklede denne trebenede rakettype, Sputnik, og jeg var med ind over formgivningen af 3D arbejdstegninger mm. Det var enormt sjovt. |
| 183 | **Nytårsløjer · 2005** // Illustration til bordbombe. |
| 184 | **Prop · 2005** // Når jeg tegnede bordbomber, lavede jeg ofte illustrationer uden begyndelse og ende - i dette tilfælde således at det er samme prop man følger hele vejen rundt. |
| 185 | **Bullet · 2000** // Brugte dengang programmet Adobe Dimensions til illustrationer af denne type og gav dem den sidste finish i PhotoShop. |
| 186 | **Aurora · 1998** // |
| 187 | **Uha... · 2002** // |
| 188 | **23:59 · 1998** // Der er sket rigtig meget inden for 3D siden. Men dengang i 1998 var dette noget af et show-off! 3D blev en aktivitet jeg gradvist neddrosled i takt med, at forskellige arkitektur- og designuddannelser begyndte at sprøjte dygtige 3D-folk ud i kaskader. Men man må stille sig det spørgsmål; at |

Illustrationer skåret i klæberaster - Annonceserie, Amtsavisen Randers, 1987 når der i dag bankes mere grimt byggeri ned end nogensinde tidligere, om det så skyldes 3D programmernes evne til at få selv den mest bastante betonklods til at tage sig nogenlunde indbydende ud i arkitekt visualiseringerne?

189   **Dream Café · 2004** // Den blev da meget god! Casandra inspirationen fornægter sig ikke.
190   **Gautefall · 2000** // Tegnet til norsk turismefremstød.
191   **Natbusser · Ca. 1997** // Tegnet til Nordjyllands Trafikselskab.
192   **Trafikplanlægning · Ca. 1990** // Vi fik Mac computere på Grey omkring 1990 og jeg begyndte straks at lege med Adobe Illustrator. Dette var en af af de allerførste digitale illustrationer, jeg lavede, som blev brugt til noget større - en rapport om trafik i Nordjyllands Amt.
193   **Komet · 1998** // Designlinje til Dansk Fyrværkeri Import.
194   **Professor Star Trick · 2002** // Tegnet til fyrværkeri designlinje til L.C.H. Import A/S.
195   **Vinterekspress · 2004** // Tegnet til Aalborg Teaters markedsføring af Tolstoys Anna Karénina.
196   **Awatch · 2003** //
197   **Kædetræk · Ca. 1994** // Tegnet til Square Oil.
198   **Hydraulik · Ca. 1994** // Tegnet til Square Oil.
199   **Luntebeskytter Ca. 1999** // Tegnet til L.C.H. Import A/S.
200   **Black Label · 2003** // Fyrværkeriserie tegnet til L.C.H. Import A/S / COOP og solgt i COOPs butikker.
201   **Medalje · 2003** // Tegnet til Force.
202   **Rasmus · 2002** // Tegnet til konfirmationssang.
203   **PC · 2012** // Tegnet til Aalborg Kommunes Renovationsvæsen.
204   **Motocross · 2006** // Tegnet til Ungdomsringen.
205   **Ipad · 2012** // Tegnet til Aalborg Kommunes Renovationsvæsen.
206   **Masserati · Ca. 1994** // Racerbilen alene uden baggrund har været anvendt i Metax annoncer.
207   **Mobil · 2012** // Tegnet til Aalborg Kommunes Renovationsvæsen.
208   **Kenny & Knud · 1991 / 92** // Tegneseriestriber tegnet til Jyske Banks teenagemagasin "Tolv17" De to tegneseriefigurer Kenne & Knud er den hhv. tolvårrige og syttenårige, der møffer lidt rundt med almindelige teenager ting, og for at vende det lidt rundt, som man jo gerne gør i tegneserier, er tolvårige Kenny den handlekraftige og Knud den mere småfilosoferende og let bøvede.
209   **Diskresion · 2000** //
210   **Kenny & Knud · 1991** // Tegnet til Jyske Bank.
211   **Double Up · 1995** // Tegnet til fanzinet "Tintinbladet"
212   **Speeder Gonzales · 1992** // Speeder Gonzales som jeg lavede på Grey sammen med Jesper Hansen, var en kampagne for Nordjylands Amt og Frederiksborg Amt rettet mod nybagte bilisters overmod. Kampagnen fik en IAA pris (International Advertising Award) for sin idé og for at nå langt med relativt små midler. Konceptet udviklede vi sammen, og Jesper stod for tekst og kampagnens faktuelle del, mens jeg lavede tegneserien og de små handlingsforløb, hvor Speeder bla. kører ind i en politimotorcykel og parkerer på en jernbaneoverskæring!
Selve idéarbejdet til tegneserien skulle løses fra dag til dag, og jeg sad virkelig og grublede og brainstormede med mig selv. Omkring midnat havde jeg idéen - Yes - Jeg lader hovedhandlingen foregå i en bilsimulator og først i sidste rude er vi ude i den virkelige trafik. Ved firetiden om natten var skitsen færdig. Amtets trafikfolk godkendte idéen uden ændringer, men de skulle lige bruge et par måneder på proceduren, så rentegningen endte også med at foregå hu-hej-vilde-dyr.
213   **Turbo Thyge · 1997** // Cykelhjelmkampagne rettet mod børn lavet på Grey sammen med Bente Maria Ostenfeld-Rosenthal. Jeg synes, det var en god kampagne, men selv høvlede jeg fortsat rundt på min cykel uden hjelm.

# 4 Tænderskærende tossestreger

Tungen lige i munden. Hvis tyren stanger, rebet brister eller gaffeltrucken rammer, går det galt. Ikke bare på tegningen, men med selve humoren. Så er det ikke længere en sjov tegning men en ulykke, og det er ikke der, jeg vil hen. Pointen skal ikke udpensles på papiret men poppe op i beskuerens hoved. Grotesk og en smule sort må det gerne være, men aldrig ondskabsfuldt - især ikke når jeg tegner satire. Ja og så må det selvfølgelig især gerne være finurligt og overraskende.

214   **Den farveblinde tyrefægter · 2004** // Hæ hæ - og støvskyerne er trykt med en tommelfinger dyppet i hvid maling.
215   **Kanindræberkursus · 1997** // Tegnet til Color Line i en periode hvor forskellige grænsesøgende teambuilding kurser var højeste mode.
216   **Tåget · 1997** // Tegning fra Akhva'vitsen og en kommentar til det absurde i at der i en tid hvor det blev mere og mere restriktivt at være almindelig ryger, samtidig taltes om at legalisere hash.
217   **Happy Hour · 1997** // "Hov du glemte skoletasken" En kommentar i Akhva'vitsen til de mange berusede gymnasieelever i Jomfru Ane Gade.

214+, 349+

174+

113+, 302+

197, 198+ / Sjovt blikfang ved brug af enkel udstansning (Norsk udgave)

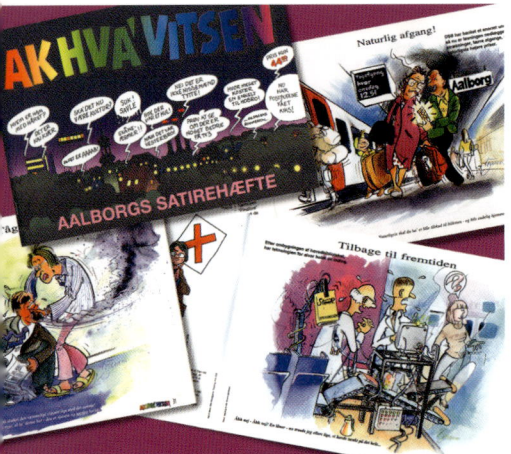

Tre bidrag til Akhva'vitsen samt Henning Aardestrups forside til 1. årgang 1996

Tegninger til en billedbog fortalt af min far Alfred Jakobsen

Festlige bordbomber designet til Jydsk Kortillonfabrik op gennem 1990'erne

218  Raketmanden #1 · 2007 //

219  Det sker aldrig... (Hjertestop) · 2004 // Det er godt at kunne førstehjælp - hvis det alligevel sker. Tegnet til Beredskabscenter Aalborg.

220  Hopla · 2005 // Der var skriveri i avisen om, hvor kort tid der var grønt for fodgængere foran banegården i Aalborg. Helt præcis 8 sekunder, for jeg var nede og tage tid, inden jeg lavede denne tegning til Akhva'vitsen. Krudtrøgen er lavet med en finger dyppet i maling.

221  Plask! · 1996 // En foretagsom erhvervsmand fik arangeret et motorløb på havnen i Aalborg, og kommunen stillede med en underskudsgaranti - der røg så lige et par hundrede tusinde på den konto! Tegning fra - ja der har vi den igen: Akhva'vitsen. Akhva'vitsen var Aalborgs lokale satirehæfte gennem ti år. De  første år udgivet i format og udstyr som Blæksprutten og Svikmøllen. Senere blev det et årligt tillæg til Nordjyske. Asger Strøm var energisk bagmand og tovholder med en flok omkring sig, som skiftede lidt fra år til år. Jeg var med stort set alle årene. Vi tjente ikke noget på det, men vi havde det sjovt og fik nogle gode oplevelser. Bowle, spise, Cirkusrevy, teater, tur til Oslo...

222  Wroooom! · Ca. 1985 // Tegning fra Amtsavisen Randers.

223  Staaaaands · Ca. 1985 // Tegning fra Amtsavisen Randers.

224  "Trucker" · 2011 // En af mange tegninger til internt Rockwool sikkerhedmateriale.

225  På vej · Ca. 1998 //

226  Yeehaaaa! · 2010 // Mere Rockwool skabt ud fra filosofien; at overdrivelse fremmer forståelsen.

227  Trafikkaos · 2006 // Trafiksituationen i Aalborg og en forklaring på hvorfor 4-hjulstrækkere med GPS blev populære. Tegning fra Akhva'vitsen.

228  Satiretegner · 2011 //

229  Det sker aldrig... (Brand 1) · 2004 // Som illustration 219 tegnet til Beredskabscenter Aalborg, men her som opfordring til at lære brandslukning.

230  Den arabiske nat · 2004 // Et andet udsnit af samme Aalborg Teater plakat som illustration 141.

231  Electric Boogie · 2004 // Oprindeligt tegnet som Art-Money.

232  Alarm · 2011 // Tegnet til Hilton Foods Group.

233  I stødet · 2010 // Tegnet til Rockwool.

234  Det sker aldrig... (Brand 2) · 2004 // Se illustration 229.

235  Error · 2007 // Tegnet til SparNord Bank.

236  En magelig herre lufter sin hund · 2003 //

237  Læserbrevsskribent · Ca. 2000 //

238  Skumle fyre · ca. 1998 // En af ialt godt en snes illustrationer fra bogen Captain Kid og Sjørøverskatten. En børnebog udgivet af det norske rederi Color Line med deres mascot Kaptain Kid som jeg var med til at udvikle. Historien er skrevet af Ernst Rolf Johansen.

239  Idégenerator · 2004 // For reklamebureauet Tankegang tegnede jeg nogle illustrationer til et visionsmateriale for Mariagerfjord Kommune. Illustration 137, 262 og 264 er fra samme materiale.

240  Back-up · 2009 // Tegnet til Online Backup.

241  KEC myre · 1987 // Flittig myre mascot tegnet til KEC Huse.

242  Andeposten · 2011 // Andeposten mascot.

243  Mariehøne · 1986 // Teatergruppen Mariehønen er tidligere omtalt - se illustration 70. Deres allestedsnærværende mariehøne tegnede jeg i en masse forskellige situationer.

244  Baldur · 2007 // Tegnet til Baldur Familypark.

245  Prosit! · 2003 // En eller anden dag vil jeg altså lave en billedbog med denne elefant!

246  Landeplagen · 2009 // Tegnet til Aalborg Kommunes Renovationsvæsen.

247  Snedig ulv · 2005 // Fra Den lille Rødhætte og ulven tegnet for Materialecentret.

248  Et par pegøjer · 2011 // Hergé, Uderzo og Franquin er store tegneserietegnere jeg holder meget af. Man kan nok godt spore en vis Franquin-inspiration i denne tegning.

249  Baldur · 2007 // Tegnet til Baldur Familypark.

250  Peter Papirsamler · 2007 // Peter Papirsamler er en lille knægt, der går stærkt op i papirindsamling og genbrug. Dette er forsiden til en malebog tegnet til Aalborg Kommunes Renovationsvæsen med en lille historie med humor og kant skrevet af Jan Olesen.

251  Måge · Ca. 1995 // Tegnet til Color Line.

252  Rødder · 1996 // Ikke anvendt forslag til Heksehyl embalage - men det er nu stadig en sjov tegning.

253  Udvidet pension · 2009 // Tegnet til SparNord Bank.

254  Slå til! · Illustrator · 2009 // Tegnet til Fjordlyst Udlejning. Bla. anvendt i Tivoli i København.

255  Rappenskralden · 2011 // Tegnet til Aalborg Kommunes Renovationsvæsen.

256  Papirspild · 2007 // Tegnet til SparNord Bank.

257  Måger · Ca. 1995 // Tegnet til Color Line.

258  Peter Papirsamler · 2007 // Tegnet til Aalborg Kommunes Renovationsvæsen.

259  Rappenskralden · 2011 // Tegnet til Aalborg Kommunes Renovationsvæsen og anvendt i lidt forskellige udformninger på en kassevogn, på plakater mm.

260  Arkivering · 2007 // Tegnet til SparNord Bank

261  Bodypaint entusiast Ingelise Olsen stoppes i tolden · 2008 //

262  Nestor · 2004 // Tegnet for Tankegang til Mariagerfjord Kommune.

263  På vej til fest · 2006 // Tegnet til Aalborg Østre Rotary Klubs 50 års jubilæum.

264  Nybyggere · 2004 // Tegnet for Tankegang til Mariagerfjord Kommune.

M/S Troja 1991

Børneserien Kaptain Kid tegnet til rederiet Color Line var uden ord, så den kunne "læses" uanset nationalitet

Tegneserien Kasper blev desværre aldrig realiseret da Gyldendal indstillede deres tegneserieudgivelser
Siden med de fire paneler er farvelagt af min gode ven Michael Lorenz (MIL)

Tegneserien Igengangeren blev desværre heller aldrig realiseret da Forlaget Ultima lukkede

(Foto: Ole Flyv)

323+

269+ / Og andre politiske avistegninger

301+ It's a jungle out there!

304+

265 **Kvægtorvs-stien · 2005** // De trafikale problemer der opstod, da Nyhavnsgade i Aalborg blev neddroslet til to spor i 2009, kom totalt bag på kommunens trafikplanlæggere. I Akhva'vitsen havde vi forudset de tumultagtige scener der ville opstå på "Kvægtorvsstien". Tegningen henviser til tekst af Birte Kjærgård, der ironiserer over de forhistoriske tilkørselsforhold, der er til de store kulturinstitutioner: Utzon Centret, Nordkraft og Musikkens Hus.

266 **Y2K · 1999** // Op til årtusindskiftet svirrede cyberspace med dommedagsprofetier og varsler om alverdens computerkamaliteter. Nogle firmaer købte dyr it-support, og det offentlige gjorde et stort nummer ud af at berolige borgerne. Der skete imidlertid absolut intet, for som også de it-ansvarlige på tegningen her beroliger borgmesteren med, at "alt er tjekket nu og intet kan gå galt!" Tegning fra Akhva'vitsen hvor vi som altid var optimister og bragte tegningen i december 1999.

267 **Hvide Måge · 1997** // Tegnet til Color Line.

268 **Sidste omgang · 1997** // Tegnet til Color Line. En tegning jeg selv er vældig glad for.

269 **Debataften i menighedshuset · 2012** // Tegnet til Nordjyske.

270 **Is i maven · 1997** // Tegning til Akhva'vitsen gående på forurenet drikkevand i Aalborg. Tegningen fandt i 2004 også vej til Aalborg Kommunale Vandforsynings 150 års jubilæumsbog.

271 **Kongres i Aalborg · Ca. 1996** // Tegnet til Aalborg Turist- og Kongresbureau.

272 **Turist i Aalborg · Ca. 1996** // Tegnet til Aalborg Turist- og Kongresbureau.

273 **Kongres i Aalborg · Ca. 1996** // Tegnet til Aalborg Turist- og Kongresbureau.

274 **Båååt · 2003** // Ja tegningen kunne jo også hedde "Surt Show". Tegnet til selvpromoverende julekort.

275 **Verden var ikke mere helt den samme, efter det der skulle have været familien Porsdals traditionelle julemenu · 2003** // Den er da meget sjov :-)

276 **Selvportræt · 2007** // Det er vel tilladt at forskønne en smule?

277 **Kender I den....? · Ca. 2004** // Tegnet til selvpromoverende julekort.

278 **The show must go on · 2009** //

279 **Arkitektens flyttedag · Ca. 1985** // Tegning fra annonce i Amtsavisen Randers.

280 **Nørder · 2008** //

281 **Karneval i Aalborg · 1997** // Tegning fra Nordjyske i forbindelse med en satireudstilling på Aalborg Kunstpavillon, hvor vi var nogle satiretegnere, der gav hver vores tolkning af Aalborgs store årlige karneval.

282 **One man band · 2002** // Udsnit af teaterfestivalplakat for Ungdomsringen.

283 **Lytte - se - tale · 2010** // Ikke anvendt forslag til ungdomsklippekort til Aalborg Teater.

284 **Tidens gang · 2002** // Udsnit af jubilæumsplakat for Ungdomsringen.

285 **Åhh nej - er det nu igen ham den tynde tegner i det kinky kluns, der er på spil · 2010** // På væggen fornemmer man en tydelig inspiration fra polske Tomek Setowski. Man fornemmer måske også, at det selvhøjtidelige ikke lige er mig...

286 **Nar · Ca. 2002** //

287 **Zap Consult · 2000** //

288 **Violinbanden slår skruppelløst til i Sdr. Fjaltring Andelskasse · 2007** // Ja igen en af den slags skøre indfald, der bare måtte ned på papir.

## 5 Dansable farvetoner

Alt fra en stol til en cykel, fra en spand til en stegepande, har vi mennesker til alle tider søgt at give en vis æstetisk udformning. Men der findes næppe noget, der i samme grad som musikinstrumenter er udformet så betingelsesløst på klang og akustiske præmisser og alligevel - eller måske netop derfor - samtidig er så uendeligt smukke. Fordi musik også er visuelt smuk, når musiker og instrument bliver til ét, og danserne flyder med.

Elsker mere end noget andet at swinge med blyanter og pensler som en anden dirigent for at overføre musikkens og dansens magi på papir. Elsker hele skalaen fra den stille fordybelse til fuld hammer og ud over scenekanten.

289 **Musikalsk anretning · 2006** // Nu er der måske en og anden kæk musiker, der fluks tænker, at den der bas og guitar er da for venstrehåndede. Men nej; det er blot tegningen der her er spejlvendt for at passe bedre ind i bogens lay-out (Badgen er så retvendt tilbage igen).

290 **Lieder-aften i Drammelstrup Borgerforening · 2003** //

291 **Dance · 2004** // Plakatillustration til Ungdomsringens Dancefestival.

292 **Frøknerne Engbloms nytårsaften · 2007** //

293 **Dans · 2002** // Tegnet til personligt lykønskningskort til Berit Pallesen fra Ungdomsringen.

294 **Doing the Egyptian · 2007** // I min ungdom var man den ultimative bonderøv, hvis underbukserne stak op over bukselindingen. En del år senere blev det højeste mode blandt unge knægte, at bukserne næsten hang neden for ballerne. Med de mange tegninger rettet mod ungdommen har der været rig lejlighed til at følge forskellige modeluner som fx platauskoene på illustration 302 eller bare det forskellige karakteristiske outfit i forskellige ungdomsgrupperinger som på illustration 324. Denne plakattegning til Ungdomsringens Dancefestival er jeg selv vældig glad for, og har af samme grund valgt den til forsiden af denne bog.

295 Bliv glad fugl (sommer) · Ca. 1995 //
296 Scenegal · 2005 // Plakatillustration til Region Nordjylland.
297 Rock for hold · 2004 // Plakatillustration til Støvring Kommunes Musikskole.
298 Ung mand brillerer på elektrisk forstærket guitar · 2008 // Plakatillustration til Ungdomsringens Musikfestival.
299 Rock'n'roll surfer · 2008 // Plakatillustration til Ungdomsringens Musikfestival. Efter en afstemning fik fyren med det runde hoved og strithåret navnet Rocco, og man vil se at han går igen på flere illustrationer.
300 Rock'n'jack in a box · 2009 // Plakatillustration til Ungdomsringens Musikfestival.
301 Ud over scenekanten · 1995 // Plakatillustration til Ungdomsringens Musikfestival.
302 Så er det nu! · 1999 // Denne plakatillustration til Ungdomsringens Musikfestival er stadig en af mine egne favoritter.
303 Premier · 1980 // Min ungdoms elskede Premier trommer, som jeg brugte meget tid bag. Uden ligefrem at være et kæmpetalent blev jeg dog en habil trommeslager i forskellige amatørrockbands.
304 Heartbeats · 2010 // Det ligger i sagens natur, at det oftest bliver guitaren, der er i centrum, når der tegnes rockplakater. På denne tegning til Ungdomsringens Musikfestival synes jeg imidlertid, at det kunne være sjovt at sætte trommerne helt i front.
305 Trio med udpræget passion for det ungarske · 2003 //
306 Konrad og Kakkerlakkerne · 2005 // Illustration til Ungdomsringen.
307 The Balalaika Brothers goes glam · 2011 // Så i tv et eller andet mindst 30 år gammelt heavyband, der holdt fast i en atitude, de måske nok var blevet lidt for tykke og tyndhårede til. Så måtte jeg naturligvis lave denne tegning, der lige har fået en ekstra tand, både hvad angår kostumer og instrumentering :-)
308 Jazzfestival · 1996 // Plakatforslag til Århus Jazzfestival.
309 Amadeus · 2006 // Tegnet til Aalborg Teater.
310 Golden Carnival Days · Ca. 1995 // Denne illustration er ren vektorgrafik.
311 Soldanser · 2003 // Plakatillustration til Ungdomsringens Dancefestival.
312 Svendborg Sousaphon Ensemble · 2003 // Igen en af disse lidt absurde indfald. Her var det kontrasten mellem de tunge sousaphoner, som man stort set kun finder i marsch-orkestre, og mændenes balletagtige lethed jeg fandt sjov - og så bare forestillingen om et ensemble kun bestående af sousaphoner!
313 Tango · 1984 //
314 Bolero · 2007 // Nodebilledet er faktisk fra Ravels Bolero.
315 Musik på hjernen · 2003 // Det er altid sjovt at skulle finde en ny vinkel på den årlige musikfestivalplakat til Ungdomsringen. Det her er en af de mere spøjse.
316 Disco Dancing · 2006 // Plakatillustration til Ungdomsringens Dancefestival.
317 It's gettin' hot · 2001 // Plakatillustration til Ungdomsringens Dancefestival.
318 Musikken med ind i fremtiden · 2000 // Op til årtusindskiftet skulle stort set alt have et eller andet twist af fremtid - det samme gjaldt naturligvis også årets plakat til Ungdomsringens Musikfestival.
319 Surprise · 2001 // Tegnet til Ungdomsringens Musikfestival.
320 Rocco · 2002 // tegnet til Ungdomsringens Musikfestival.
321 Wurlitzer · 2004 // Det var en festlig tid på tegnestuen! For at lave denne tegning til Fjordlystudlejning fik jeg sådan en Wurlitzer ind på tegnestuen, hvor den gennem to-tre måneder stod og og boblede og blinkede og spillede Frank Sinatra m.fl.
322 RockDog · 2011 // Rockbandet Hans Knudsens Plads spiller god gedigen upoleret rock, men er ellers nogle rare og stille og rolige fyre - det synes jeg deres Rockdog afspejler meget godt :-)
323 40 år senere · 2011 // Med denne plakatillustration til Ungdomsringen var min indgangsvinkel, at musikfestivalen samler forskellige grupperinger af unge, der ikke altid har så meget til overs for hinanden i fredeligt samvær. Det smittede af på selve plakatens udformning, at der i 2011 var en del virak omkring 40 års jubilæet for Beatles' legendariske Abeyroad album.
324 Musikfestival 2013 · 2012 // Plakatillustration til Ungdomsringens Musikfestival.
325 On stage festival · 2011 // Plakatillustration til Ungdomsringen On Stage Festival.
326 On stage festival · 2010 // I 2010 lagde Ungdomsringen deres film- og teaterfestival sammen med dancefestivalen. Det blev til On Stage Festival, og tegningen, som også kom til at indeholde parkour og andre hippe discipliner, hvad denne og illustration 326 søger at illustrere.
327 Jitterbug · Ca. 1995 // Illustration til gavekort tegnet til AudioLink.
328 Dancefestival · 2008 // Plakatillustration med lidt 007 attitude tegnet til Ungdomsringens Dancefestival.
329 Karneval · 1992 // Gennem en årrække arrangerede Karneval i Aalborg en konkurrence om årets karnevalsplakat. I alt seks gange deltog jeg, og det resulterede i en andenplads og tre gange førsteplads, hvoraf dette er vinderen 1990 og illustration 373 løb med førstepladsen i 2004.
330 Dancefestival 2006 · 2006 // Plakatillustration med tydelig Manga inspiration tegnet til Ungdomsringen. Jeg har ikke læst meget Manga, men tegnestilen synes jeg grafisk set er utrolig flot.
331 Zumba · 2010 // Tegnet til Dansesneakers.dk
332 Broadway · 2009 // Plakatillustration til Aalborg Teaters opsætning af musicalen Guys and Dolls. Det var skægt at arbejde med det lidt gamle look, ikke bare i motivet, men også i farver og malestil.
333 Danseglæde 1 · 2005 // Selv er jeg ikke en særlig god danser, men det er sjovt at gengive på papir. Denne samt illustration 334 og 335 er alle tegnet til bordbomber og poppers til L.C.H. Import A/S
334 Danseglæde 2 · 2005 // Tegnet til L.C.H. Import A/S.
335 Danseglæde 3 · 2005 // Tegnet til L.C.H. Import A/S.
336 Dur · 2008 // Allerede først i 1980'erne stiftede jeg bekendtskab med Alphonse Muchas kunst og var

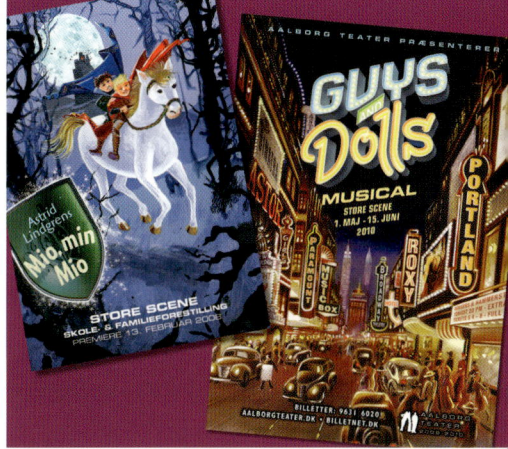

346+, 332+

369+

326+

340+

146+ / Kareten holder for døren. Så mangler vi bare Dronningen! Prinsesse Knuds Karet foran Amalienborg (Foto: Jens Larsen)

(Foto: Kim Aagaard)

straks solgt. Der skulle dog gå en del år, før jeg med Dur og Mol gjorde disse forsøg udi jugendstilen. De har ikke helt Muchas elegante og sikre linjer, men så har de forhåbentlig noget andet.

337  **Mol** · 2008 //

338  **Euterpe** · 2011 // Musikkens muse og musikkens væsen.

339  **Den grimme fintælling** · 2005 // Visionerne for Aalborgs nye musikhus var store, men i en del år blev det ikke til ret meget. I 2005 var man dog nået så langt at der var piloteret, da man fandt ud af, at der manglede 100 mio kroner, og arbejdet atter gik i stå. Den sarkastiske satire er ikke så meget mig, og til Akhva'vitsen tegnede jeg denne mere poetiske kommentar, hvor den stakkels grimme ælling står i ødemarken af betonpilotering og drømmer.

340  **Piano Concerto Fatale #2** · 2010 // Denne serie på fem store tegninger - ja hver tegning måler faktisk 120 x 60 cm - blev tegnet til Aalborg Kunstpavillons udstilling "Blikket på kunsten". Billedserien handler om passion og blev til over ret få dage til fed musik og med store armbevægelser.

341  **Piano Concerto Fatale #3** · 2010 //

342  **Piano Concerto Fatale #4** · 2010 //

343  **Piano Concerto Fatale #5** · 2010 //

344  **Troldeskov** · Ca 2001 //

345  **Professor Adelart Antoni afsøger hidtil ukendte egne i sin gyrothermiske monocopter** · 2011 // Som frøknerne Engblom er også den lettere steampunkede Professor Adelart Antoni en person, der bare er opstået, og som jeg er vendt tilbage til flere gange, når jeg sidder med en eller anden sjov idé, der bare må ud på en eller anden måde. Se også illustration 330, 366 og 397.

346  **Mio og Yum-Yum i den sorteste skov** · 2007 // Der sad vi børn på små sivmåtter lagt ud på gulvet, som forsvandt under os, når bibliotekaren på Farum Bibliotek læste højt af Astrid Lindgrens fantastiske "Mio, min Mio". Historien om Mio gjorde et uudsletteligt indtryk og gav mig et af de der helt store sus, der ikke er særlig mange af gennem et helt liv. Og Mio lå et sted derinde i hjertet, så det var fantastisk, da jeg mange, mange år senere fik til opgave at tegne plakaten til Aalborg Teaters opsætning af eventyret. I bogen rider Mio og Yum-Yum i natskjorter, hvilket er med til understrege fornemmelsen af en drøm. I mellemtiden var fantasygenren og rollespil blevet voldsom populært, så her på plakaten er de to drenge klædt mere fantasyagtigt og med flagrende kapper.

347  **Store Kassa** · 2007 // Plakatillustration til tryllekunstneren Store Kassa / Karsten Højen.

348  **Tukan** · 2003 //

349  **Chili con canoo** · 2011 //

## 6 Eventyrlige himmelstrøg

Kan det tænkes, kan det også tegnes. Lidt vandfarve og havfruer kommer straks til live. På eventyrlige himmelstrøg kan endog de utroligste konstruktioner flyve højt. På få øjeblikke kan papiret fyldes ud med stjerner og galaxer, hvis glans selv med lysets hastighed ikke vil nå jorden i vores levetid. Een stor tidsmaskine hvor det endog er muligt at rejse til tider, der aldrig har været eller nogensinde vil komme. Men utroligt nok er det altsammen her på papiret lige for næsen af os.

350  **Professor Adelart Antoni passerer Alperne i magsvejr** · 2009 // Blandt vraggodset fra et syltet tegneserieprojekt var en temmelig udførlig tegning af et Alpelandskab. I en anden bunke blyantskitser lå en af Professor Adelart Antonis formidable flyvende konstruktioner. I et par påskefridage smeltede de to ting sammen i maleriet her. Kombinationen af det forholdsvis realistiske landskab og det fantastiske aeroplan synes jeg blev meget sjov.

351  **PowerBook painter** · 1995 // Magasinet Mac World udskrev et par år i træk en coverkonkurrence. Førsteprisen løb jeg desværre ikke af med, men begge gange var jeg blandt de 10 bedste. Powerbook Painter, som er et mix af programmerne Adobe Illustrator, PhotoShop og Painter, var på forsiden af MacWorld Nr. 3 marts 1995. Illustration 362 er ligeledes en præmieret Mac World forside.

352  **Bliv glad fugl - vinter** · Ca. 1992 //

353  **Junke** · 2007 // Plakatillustration til tryllekunstneren Store Kassa / Karsten Højen. Se også side 142.

354  **Til Astrid der gav os sit Løvehjerte** · 1998 // Eventyret om Mio er for mig Astrid Lindgren eventyret over dem alle. Men også mange af hendes andre historier blev en del af mig. Emil og ikke mindst Pippi naturligvis! Men også det smukke eventyr om Brødrene Løvehjerte.

355  **Sjælehunger** · 2005 // Min kære ven, Bente Maria, havde en klar vision om at omslaget til hendes bog "Sjælehunger" skulle være noget med havet i tidligt daggry og en sommerfugl.

356  **Altburg** · 1990 //

357  **Mellow** · Ca. 1998 //

358  **M/S Troja** · 1989 // Det fortælles at Edison selv kaldte sine første mange mislykkede forsøg med glødepæren for vellykkede forsøg ud i hvordan han *ikke* skulle gøre. Om mine tegneserier "Farlig planet" og "M/S Troja" kan jeg sige det samme. De var ikke dårlige, men heller ikke rigtig gode - mest af alt var de tidstypiske. Men de gav en masse erfaringer at trække på og skabte nogle gode kontakter.

359  **Svartebill angriber** · ca. 1998 // Fra samme bog som illustration 238.

360  **Atlantis II** · 2011 //

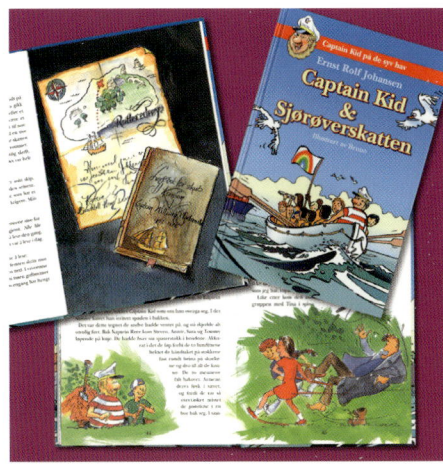

359+, 365+

362+

351+, 362+

372+, 375+

361  Fregat · Ca 1985 // Tydelig Hergé-Inspiration i denne logoillustration til diskotek Fregatten i Grenå.

362  Flaskepost · 1994 // På forsiden af MacWorld nr. 4 april 1994. Tegningen er ren Adobe Illustratorarbejde i en tid, hvor man endnu ikke kunne arbejde i lag, så det var noget med at gruppere i vildskab.

363  Viden om... · 1993 // Udsnit af boghandlerplakat, der vandt 3. præmie i en designkonkurrence.

364  Sørøver · 2011 // Emballage-illustration til Royal Greenland.

365  På havets bund · ca. 1998 // Endnu en illustration fra Kaptain Kid og Sjørøverskatten. Se også illustration 238 og 359.

366  Professor Adelart Antoni i sit rette element · 2003 // Mit første møde med den gode professor.

367  Sol · 2003 //

368  Lysende luft · 2004 //

369  Verdensmusik · 2007 // En god plakatillustration er ved første øjekast enkel, iøjnefaldende og indikerer klart, hvad der reklameres for. Ved nærmere bekendtskab åbner den sig med fine detaljer. Ud over at denne tegning til en verdensmusikfestival rummer mange smukke nuancer og strukturer i de store flader, er kvinden – og ikke mindst hendes klædedragt – en sammensmeltning af mange kulturer.

370  Blomsterfe · 1997 // Trykt på t-shirts til en blomsterbinder-konference og udstilling i Aalborg.

371  Jardins sous la pluie · 2012 //

372  Stjernefe (stående) · 1999 // Tegnet til L.C.H. Import A/S.

373  Atlantis · 2004 // Der er jo aldrig noget, der kommer helt af sig selv. Men nogle gange glider arbejdet på en ganske særlig måde. Fra de første skitser kan man bare mærke, at det her bliver godt. Allerede da jeg læste at temaet for årets Karneval i Aalborg i 2004 blev Atlantis, tænkte jeg "fedt tema! Der må kunne laves noget godt", og det blev til Atlantiskvinden her der svømmer - og danser, hvis man vender tegningen en halv omgang. Bidraget vandt temmelig suverænt.

374  Tre havfruer · 2012 // Årets kunstplakat udsendt af Galleri Blokhus.

375  Stjernefe (siddende) · 1999 // Tegnet til L.C.H. Import A/S.

376  Havfrue · 1996 // I 1995 tegnede jeg en havfrue, som jeg sendte ind til en konkurrence udskrevet af fagbladet Grafisk Input under temaet "Det tegner godt for fremtiden". Tre tegninger blev præmieret, deriblandt min havfrue. Da der året senere blev udskrevet en DTP designkonkurrence genskabte jeg tegningen digitalt, og så vandt den sørme een gang til!

377  Superior · 2002 // Fra stor fyrværkeri-designserie tegnet til L.C.H. Import A/S. Inde i våbenskjoldet vistes fotos af de enkelte produkters fyrværkerieffekter. Det er her udskiftet med Cronos, som i 2001 ligeledes er tegnet til L.C.H. Import A/S.

378  Emerald · 2010 // Hvis det ikke skal blive for kedeligt, er man jo nødt til at udfordre sine tekniske færdigheder nu og da. Det har jeg så gjort her med denne tegning, der primært er skabt som vektorgrafik og sluttelig sendt under kærlig behandling i PhotoShop.

379  Orkide · 2005 // Tegnet til Casino Aalborg.

380  Venus Passage · 2009 //

381  Hyrdinden og Skorstensfejeren · 2005 //

382  Helt · Ca. 2000 //

383  Erfaring · 2009 // Sammen med illustration 284 og 285 del af trilogi tegnet til Strøm Hansen over firmaets tre værdiord. Min oprindelige tanke var, at tegningerne skulle være grafisk enkle og teknikken blot antydes, men som det fremgår, endte det, som det nogle gange gør et helt andet sted. Og det er jo den slags, der er med til at gøre selve arbejdsprocessen sammen med kunden dynamisk og levende.

384  Entusiasme · 2010 // Illustration tegnet til Strøm Hansen.

385  Ekspertise · 2008 // Illustration tegnet til Strøm Hansen.

386  Magi i luften · 2011 // Selvfølgelig er der eksempler på, at for mange kokke fordærver maden. Men almindeligvis synes jeg, samspil med kunden eller andre involverede beriger slutresultatet – som eksempelvis trylleplakaten her til Store Kassa / Karsten Højen, hvor jeg først havde tegnet en lyseblå himmel. Men Karsten syntes vi skulle trylle himlen mørk, og det kom vi absolut ikke til at fortryde.

387  Ming Drage · 2002 // Del af fyrværkeri designkoncept til L.C.H. Import A/S

388  Uhyggeligt spændende trylierier · 2008 // Endnu en trylleplakat til Store Kassa / Karsten Højen.

389  Altburg · 1990 //

390  Drømmefænger · 2002 // Plakatillustration til Ungdomsringens Børneteaterfestival. Grundidéen genbrugte jeg, da jeg året efter tegnede logoet til Dreamhouse - se side 159.

391  Prinsen på den hvide teaterhest · 2003 // Denne tegning til Ungdomsringens Børneteaterfestival 2004 holder jeg selv utrolig meget af.

392  Det er ganske vist · 2010 // Ja tegningen kunne jo også bare hedde "herlige høns".

393  Fyrtøjet · 2005 // Traditionelt er mange eventyr illustreret klassisk og smukt. Men mange eventyr – og ikke mindst Fyrtøjet – er jo en syret og ret grotesk historie. Jeg har i denne plakatillustration til Aalborg Teater søgt et mere sjovt og fandenivoldsk udtryk

394  Istanbul · 1999 // En af en serie illustrationer til nytårsbordbomber tegnet til Jydsk Kortillonfabrik.

395  Robins kække lovløse gemmer sig i krattet · 2007 // Udsnit af plakatillustration til Aalborg Teaters opsætning af Robin Hood.

396  Nååhh · 2006 // Tegnet til et materiale for hørehæmmede for Materialecentret.

397  Professor Adelart Antoni cruiser byen rundt i sin snurrige synkronmotoriserede sofacykel · 2012 //

398  Kvik hest · 1997 // Hesten her var mit første bud på et logo til Fri-Stedets Ridecenter. Alle hestepigerne ville imidlertid hellere have en sød og nuttet hest, hvilket jeg naturligvis ikke kunne sidde overhørigt og derfor tegnede i stedet. Men det første bud her er nu stadig det, jeg selv holder mest af.

399  Orientalsk · 2005 //

400 **Rødhætte · 2005** // Tegnet til materiale for hørehæmmede for Materialecentret.

401 **Klods Hans · 2010** // En hel skolemøbelstand for Høyer Møbler blev bygget op over eventyret om Klods Hans. Bagvæggen, der vises her, målte 2 x 6 meter, og en del af aktiviteten på standen bestod i, at noget af farvelægningen blev malet på stedet. Jeg havde travlt med at lægge sidste hånd på en sæsonbrochure til Aalborg Teater, så det blev min gode ven og kollega, Ole Flyv, der tog med til Odense og gav den som maler på standen. Til standen designede jeg også forskellige møbler samt et gulvtæppe på 6 x 6 meter.

402 **Eventyret kalder · 2010** // 16 H.C. Andersen-eventyr fik jeg moslet ind i denne tegning, og faktisk var denne tegning en væsentlig årsag til, at jeg fik Klods Hans-opgaven omtalt herover.

## 7 Naturlige igengivelser

Vi putter en kogle i lommen fra den dybe skov, finder en lille rullesten i brændingen. Det er hverken skoven eller havet, vi slæber med hjem, men de rummer dog ikke desto mindre en lille bitte smule af noget stort og især en masse minder. Tror det er lidt det samme med mine naturtegninger. Ved godt at de kun er en bleg skygge af naturens skønhed, men kan alligevel ikke lade være. Og da stort set alle tegningerne i dette lille sidste kapitel tager afsæt i helt konkrete steder, er vi på en måde tilbage ved udgangspunktet, og ringen er sluttet ... eller kan begynde forfra ...

373+

403 **Forår · 1998** // Mærkeligt at tænke på at disse blomster for længst er formuldede. Men her er de stadig friske og farverige.

404 **Svampejagt · 2004** // Denne og de to følgende - illustration 405 og 406 - er alle tegnet til et stort friluftsmateriale til Ungdomsringen og skrevet af Lars Borch. Til materialet tegnede jeg også en hel del instruktionstegninger i alt fra at tænde bål til at lave en bivuak eller snitte en ske.

405 **Orienteringsløb · 2004** // Tegnet til Ungdomsringen.

406 **Kanosejlads · 2004** // Tegnet til Ungdomsringen.

407 **Rold skov · 2011** //

408 **Hammer Bakker · 2012** // Af en eller anden grund smager en øl og sandwich meget bedre ude i naturen, og når der så også er lidt tegnegrej i rygsækken, er sådan en dag i skoven bare det fedeste.

409 **Brændestabel · 1981** // Motiv fra mine forældres daværende plantage på Djursland.

410 **Trækævle · 1981** // Med tålmodighed og farveblyanter kan man nå langt i naturlig gengivelse.

411 **Snefog · 1982** //

412 **Doktorparken, Randers · 1983** // I første halvdel af 80'erne arbejdede jeg meget med farveblyant i en lidt pointilistisk stil. Jeg lavede omkring 1982-83 et par udstillinger med denne type tegninger på værtshusene Åkanden og Café Von Hatten og solgte stort set det hele – måske fordi prisen kun var kr. 200 stykket.

413 **Gentofte sø en vinterdag · 2008** // En kold vinterdag i 2008 rundt om Gentofte Sø resulterede i denne tegning lavet med kuglepen på stedet og siden farvelagt pr. hukommelse.

414 **Vintersol · 1982** //

415 **Danmark · 1982** //

11+, 21+

Naturtegninger fra omkring 1981

## + På bomærkerne

Et kommercielt godt logo er et logo, der eksponeres mange gange. Et grafisk godt logo kan være så meget, men efter min mening må det gerne fortælle en lille historie enten i form af en typografi eller grafik, der matcher produktet. På det følgende opslag vises et lille men repræsentativt udvalg af min produktion af bomærker og visuel identitet.

Taleinstituttet anser jeg selv for at være et af mine bedste logos – Taleboblen med udråbstegnet, der samtidig er en der taler frejdigt med næsen i sky. Der findes forskellige former for talebesvær, men fælles for mange med taleproblemer er at de isolerer sig socialt, fordi de har svært ved at kommunikere eller skammer sig over deres handicap. Så Taleinstituttet hjælper i mange tilfælde ikke blot folk til bedre talefærdigheder, men også ud af social isolation.

Børne- og Familiecenter Aalborg logoet har også en dobbelt betydning udtrykt grafisk, idet rammen med den voksnes hånd både er tænkt som en tryg ramme om barnet, men samtidig en hjælpende hånd ud af snærende rammer.

Forum Horsens er et præmieret men ikke anvendt konkurrencebidrag.

De øvrige logos er for forskellige teaterforestillinger, for fyrværkeri, et par bogtitler samt diverse. Dem vil jeg lade tale for sig selv og lade stå ukommenterede fra min side. Slut!

Hestestudier

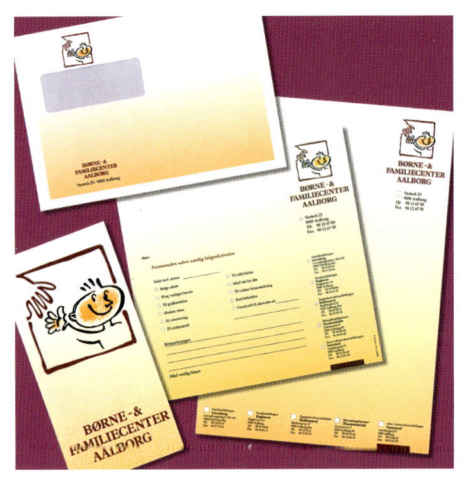
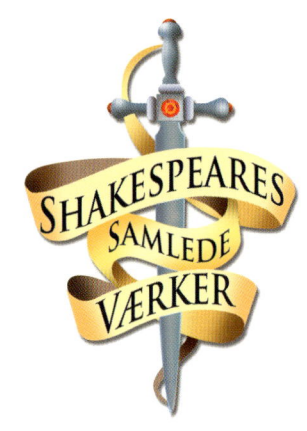

# Tegn på liv

Første udgave 2012
ISBN: 978-87-993936-3-3
EAN: 9788799393633
Oplag: 500 eksemplarer
**Copyright © 2012 Tegner Bruno · Edition Brusen**

Alle rettigheder tilhører Tegner Bruno og rettighedshavere til de enkelte illustrationer.
(Astma Skolen // Color Line // Hilton Foods group // Materialecentret // Rockwool // Royal Greenland m.fl. )
Mangfoldiggørelse (analogt såvel som digitalt) af indholdet i denne bog eller dele af den, er i henhold
til gældende dansk og international lov om ophavsret, ikke tilladt uden forudgående skriftlig aftale med Edition Brusen eller Tegner Bruno.

Hilton Foods og Rockwool idéer er skabt i samarbejde med Naia Bang.
Aalborg Renovationsvæsen idéer er skabt i samarbejde med Kurt Edelbo.

Sat med ITC Highlander
Illustrationer, Tekst, Repro og Layout: Tegner Bruno
Tekstkorrektur & support: Naia Bang
Korrektur & falkeblik: Ole Flyv
Fotos: Ole Flyv // Claus Schou Hansen // Svenn Hjartarson // Tine Jakobsen // Jens Larsen // Kjeld Thomsen // Kim Aagaard
Tryk: TypoGraphic A/S · Danmark
Bogbind: Sanderson Clement Bogbinderi · Danmark

### Tak, tak, tak!

Ingen nævnt ingen glemt. Og så alligevel...
En tak til alle, som mit tegnearbejde har bragt mig i forbindelse med såvel professionelt som privat gennem alle årene.
Tak for opmuntring og begejstring fra mange sider og til folkeskolelærer Jensen, der udlånte sine egne kunstbøger til en elleve år gammel tegnetosset skoleknægt.
Tak til min fantastiske læreplads Amts Avisen Randers, til Extern, Extern-Nord og Grey Aalborg, hvor vi arbejdede igennem,
men hvor der også var plads til en utrolig masse herlig fis og ballade sammen med gode koleger, hvoraf flere også blev nære venner.
For godt og givende bofællesskab (og sjove fester) i Dreamhouse & City House.
En varm hilsen til Asger og hele Althva'vits flokken.
Og ikke mindst tak til trofaste kunder for sjove opgaver, god sparring, for spændende indsigt i alt fra biblioteksvæsen til byggekraner,
for forrygende flot fyrværkeri, fed musik og masser af fantastisk teater.

En ganske særlig tak til Claus og Mette fra Fantasmus samt for samarbejde og entusiasme omkring udgivelsen og til Ole og Tine for uvurderlig sparring.

www.tegnerbruno.dk

www.fantasmus.com